LA ASERTIVIDAD: EXPRESIÓN DE UNA SANA AUTOESTIMA

42ª edición

Olga Castanyer Mayer-Spiess

2

LA ASERTIVIDAD:
EXPRESIÓN DE UNA SANA
AUTOESTIMA

42ª edición

Crecimiento personal
COLECCIÓN

Serendipity

Desclée De Brouwer

1ª edición: abril 1996
42ª edición: enero 2020

Impreso en España - Printed in Spain
ISBN: 978-84-330-1141-1
Depósito Legal: BI-1972-2018
Impresión: Itxaropena, S.A. - Zarautz

ÍNDICE

Lancémonos, pues, a mejorar la calidad
de nuestras relaciones.

INTRODUCCIÓN

Asertividad... ¿qué era eso? Me suena haberlo oído, pero ahora no lo localizo...

De esta y muchas formas parecidas pensarán la mayoría de las personas que se acerquen a hojear este libro. Si en vez de utilizar ese término decimos "habilidades sociales", el tema ya empieza a sonar más. Y si finalmente decimos "trata de cómo quedar bien con todo el mundo y no dejarse pisar", quedarán aclaradas ya todas las incógnitas y la gente respirará tranquila. Aparentemente.

Porque este libro habla de eso y no habla de eso.

El tema de las llamadas "habilidades sociales", con su derivado, la asertividad, está cada vez más a la orden del día, hasta estar convirtiéndose, sobre todo en el mundo empresarial, en una "moda". Parece como si, de pronto, a todo el mundo se le hubiera ocurrido que posee pocas habilidades sociales y quisiera mejorarlas; y también parece que si no se desarrollan al máximo estas habilidades, nunca conseguiremos vender correctamente un producto o tener éxito en nuestra profesión.

El concepto de "asertividad" conlleva un peligro. Los lectores que hayan acudido a uno de los llamados "cursos de asertividad" o hayan leído ciertos libros sobre el tema, pueden estar algo asustados (o excesivamente entusiasmados) ante la supuesta pretensión que se persigue con ellos: estar por encima de los demás, no dejarse apabullar en ningún caso y ser, en definitiva, siempre el "que gana".

Pues bien, la asertividad, tal como la trataremos en este libro, no es eso. Aquí vamos a intentar situarla muy cerca de la autoestima, como una habilidad estrechamente ligada al respeto y cariño por uno mismo y, por ende, a los demás.

Quien busque en este libro la clave para ganar siempre o para quedar indiscutiblemente por encima del otro, hará mejor en no leerlo, ya que se sentirá rápidamente frustrado. No encontrará ningún "truco" que le lleve a ser el mejor.

Pero quien busque aumentar el respeto por sí mismo y por los demás, mejorar sus relaciones y, en último extremo, contribuir a aumentar su autoestima, tiene en sus manos un libro que le quiere ayudar a ello.

A lo largo del libro, el lector se irá encontrando con propuestas de ejercicios, la mayoría para realizar solo, algunos en pareja o en grupo. Os invito a realizar estos ejercicios, cada uno con vuestros temas particulares, para así poder participar de forma activa en la lectura del libro y sacar más provecho de ella.

Para facilitar la localización de estos ejercicios, los señalaremos siempre con el icono: ☺

Alguien, todavía, puede pensar: "¿pero a quién va dirigido exactamente este libro? ¿A psicólogos, a expertos en el tema, o a personas 'de la calle' que quieran saber más?". La respuesta es muy clara: a todos. No es, desde luego, un libro "profesional" escrito para iniciados en la materia; es, o pretende ser, algo escrito desde una experiencia clínica para todo aquél que quiera saber más sobre relaciones humanas, aprender para su propia experiencia o acercarse a alguna dificultad que tenga en esta materia.

Citando al gran Rabindranath Tagore, ¿quién no ha tenido alguna vez sentimientos parecidos y ha deseado poder actuar de otra forma?:

"Quería decirte las palabras más hondas que te tengo que decir, pero no me atrevo, no vayas tú a reírte. Por eso me río de mí mismo y desahogo en bromas mi secreto. Sí, me estoy burlando de mi dolor, para que no te burles tú.

Quería decirte las palabras más verdaderas que tengo que decirte, pero no me atrevo, no vayas a no creerme. Por eso las disfrazo de mentira y te digo lo contrario de lo que te quisiera decir. Sí, hago absurdo mi dolor, no vayas a hacerlo tú.

Quisiera decirte las palabras más ricas que guardo para ti, pero no me atrevo, porque no vas a pagarme con las mejores tuyas. Por eso te nombro duramente y hago alarde despiadado de osadía. Sí, te maltrato, de miedo a que no comprendas mi dolor (...)".

Lancémonos, pues, a mejorar la calidad de nuestras relaciones.

1

LAS INCÓGNITAS DE UNA PSICÓLOGA

A veces, en medio de mi práctica cotidiana como psicóloga clínica, tengo necesidad de hacer un parón. Me reclino ante mi mesa, repleta de papeles, historias clínicas, libros de consulta, y miro a mi alrededor por el despacho que desde hace años acoge y escucha a las personas que acuden a explicar sus problemas. ¡Qué no habrán escuchado estas paredes, qué peso no habrá soportado el viejo sofá negro, que tan pronto sirve de asiento, como de colchón para relajarse, como de banco de estación en un improvisado *role-playing*![1]

Una consulta psicológica es como la otra cara de la vida: allá fuera nos sonríen brillantes mujeres de negocios, triunfadores profesionales, dicharacheras amas de casa y divertidos estudiantes a los que nunca parece preocuparles nada. Aquí dentro salen a la luz los niños tímidos, los adolescentes excluidos de su grupo, los hijos que se sentían rechazados, no queridos, solos...

---

1. *Role-playing:* técnica terapéutica utilizada sobre todo en terapia cognitivo-conductual, que consiste en escenificar, siguiendo unas pautas, las situaciones que causan problema a la persona.

A lo largo de estos años de consulta me han ido surgiendo una serie de cuestiones difíciles de contestar pero que, pienso, son de vital importancia para comprender la naturaleza humana, como puede ser la tremenda importancia que los padres tienen en la vida (¿Cómo es posible que un hombre hecho y derecho de cuarenta años tiemble de terror ante su padre, anciano e inválido? ¿Qué ha pasado para que una chica guapa, inteligente y culta vea su vida oscurecida por la culpabilidad que siente respecto a su madre?) o la religión y la moral, hasta el punto de destruir internamente a una persona a fuerza de hacerla sentirse culpable y mala.

Otra de estas cuestiones, a la que últimamente doy más vueltas, se refiere al concepto de *respeto*: ¿Qué hace realmente que se respete a una persona? ¿Por qué hay personas ante las que se tiene un natural respeto, de las que nadie se burla, a las que nadie levanta la voz, y personas que suscitan en los demás la burla el desprecio; hombres y mujeres a los que se pisa y humilla?

Cuando acuden a consulta personas que se consideran tímidas, faltas de habilidades sociales, torpes o solitarias, chocamos una y otra vez con este tema: no se sienten respetadas, parece que los demás les pasan por alto, les rechazan o les excluyen. ¿Por qué? ¿Son todos ellos personas feas, bajitas, débiles, patosas? ¿Tienen algún defecto físico que pueda hacer que alguien les considere "inferiores"? No, en absoluto. Es más, hay muchas personas feas, bajitas, débiles, con defectos físicos, que sí son respetadas. Y personas guapas, fuertes y altas que son sistemáticamente ignoradas por los demás.

¿Será la capacidad de defenderse, de contestar a los demás, la que marca la diferencia? También aquí nos encontramos que no necesariamente. Hay personas que, efectivamente, se defienden, piden que se les deje en paz, o tratan de no contestar o de hacer oídos sordos ante faltas de respeto e imprecaciones... pero hay algo en su forma de decirlo que hace que no se les tome en serio, que su palabra quede invalidada o ignorada por los demás.

Suelen ser personas inseguras, desde luego. ¿Será pues, la inseguridad el factor determinante? Podría parecer que sí, pero, si lo pensamos bien, veremos que tampoco es eso solamente. El mundo está lleno de personas inseguras, y si pudiéramos hacer una encuesta, el 90% de la gente se consideraría insegura en algún campo de su vida. Unos temen no saber qué decir, otros no soportan las reuniones informales, otros tiemblan ante la idea de hablar en público... sí, pero no todos son sistemáticamente burlados. Es más, muchos de los *respetados*, incluso gente que aparentemente pisa a los demás, está en su fuero interno tremendamente insegura... Tampoco parece ser ésta la causa determinante de que se respete a una persona.

Donde mejor se pueden observar todas estas conductas es en un grupo de niños, que no han adquirido aún las normas sociales que tenemos impuestas los adultos y en donde surge con mucha más claridad el afecto pero también la crueldad que todos llevamos dentro. Si observamos a un grupo de niños o recordamos nuestra infancia veremos que siempre había un "tonto de la clase", aquél que siempre metía la pata, el que ejercía de payaso de la clase. A veces esta persona era gorda o llevaba gafas de "culo de vaso"... pero también recordaremos a compañeros y compañeras gordas y con gafas que no tenían ese papel. A esas personas burladas las tenemos ahora, de adultos, en las consultas psicológicas, y vemos que son personas normales, con sus intereses, temores, afectos.

Son personas con su inteligencia y cultura, ni mayor ni menor que la de muchos otros, pero que han sufrido y sufren la falta de respeto.

Pero salgamos de la consulta psicológica y observemos nuestra vida cotidiana, las relaciones que tenemos las situaciones en las que nos movemos. Constantemente, estamos interactuando con otras personas, con diferentes niveles de confianza. A veces nos sentimos satisfechos, otras no tanto. Hay personas concretas con las que nos sentimos más inseguros o situaciones que nos hacen sentir mal, sin aparente razón.

☺ **Aquí te pediría que hicieras un pequeño parón en tu lectura y reflexionases un poco: ¿qué situaciones de tu vida te hacen sentir inseguro? ¿Hay personas con las que te sientes mal, "cortado", retraído? Si quieres, puedes hacer un pequeño listado con el que luego, a lo largo del libro, irás trabajando. ¡Seguro que si te paras a pensar salen más situaciones de las que habrías dicho en un principio!**

¿Qué producen estas situaciones o personas en nosotros? Normalmente, nos sentimos mal porque estamos frustrados, enfadados, infravalorados, desatendidos. Excusamos nuestro estado de ánimo culpando al otro, a la situación, al momento, pero, en el fondo, sentimos que no se nos considera como nos gustaría, o que no somos capaces de mostrarnos tal y como somos y por consiguiente... ¡no nos sentimos respetados!

A todos nos pasan estas cosas en mayor o menor medida: todos somos "tímidos" en alguna situación y, como decíamos antes, por muy resueltos que creamos ser, de pronto nos encontramos con una situación que *se nos hace grande*.

Hay personas que lo ven como un problema general que afecta a muchas facetas de su vida (personas con fobia social o pánico a las interacciones), otros lo notan solo en momentos puntuales. De la angustia que ello produzca depende tal vez el que una persona acuda a una consulta psicológica o no, pero todos nos podríamos considerar pacientes potenciales, porque siempre hay un área de nuestra vida con la que no podemos enfrentarnos.

Ya sea, pues, como problema general (personas que siempre se sienten rechazadas o inferiores) o puntual, el caso es que sigue estando ahí el misterio del respeto y la falta del mismo. Y si, como hemos visto, no es exclusivamente ni el aspecto físico, ni la capacidad de protestar, ni la seguridad la que hace que a uno se le respete y a otro no, ¿qué es entonces esa cosa extraña, cómo se le puede llamar a ese "algo" que hace que unos se sientan bien con los demás y otros mal, que a unos se les respete más y a otros menos?

Tras mucho reflexionar, pienso que la respuesta no es única, aunque sí se puede resumir en un término.

No es única porque para hacerse respetar hacen falta varios de los elementos descritos anteriormente: hace falta sentirse seguro de sí mismo y, a la vez, ser capaz de autoafirmarse, de responder correctamente a los demás, de no ser socialmente torpe.

Y todo esto se resume en una palabra, la ASERTIVIDAD.

En resumen, diríamos que:

> El que una interacción nos resulte satisfactoria depende de que nos sintamos valorados y respetados, y esto, a su vez, no depende tanto del otro sino de que poseamos una serie de habilidades para responder correctamente y una serie de convicciones o esquemas mentales que nos hagan sentirnos bien con nosotros mismos.

Si alguien duda de este planteamiento, que se imagine la siguiente situación: dos personas se encuentran en una fiesta. Una le dice a la otra: "Vaya, contigo quería hablar. ¿A qué viene eso de ir diciendo por ahí que soy un vago y un malqueda?".

Tanto si es cierto como si no, la situación es, cuando menos, algo intimidante. ¿Depende del que ha hecho la interpelación el que la situación sea penosa para el otro? No, porque una persona segura de sí misma y de sus habilidades, responderá de forma airosa ("Pues no, te has equivocado" o "Sí, pero me gustaría explicártelo"), y no le dará mayor importancia al episodio, mientras que la persona más insegura en ambos aspectos responderá consiguientemente ("Nnnoo... no... de verdad, yo noo..." o "Pu... pues, bueno... no sé, quizás dije algo, pero...") y, lo que es peor, se sentirá mal para el resto de la noche.

Las personas que tienen la suerte de poseer estas habilidades son las llamadas personas asertivas. Las personas que presentan algún problema en su forma de relacionarse, tienen una falta de asertividad. Esto último se puede entender de dos formas: poco asertivas son las personas consideradas tímidas, prestas a sentirse pisadas y no respetadas, pero también lo son los que se sitúan en el polo opuesto: la persona agresiva, que pisa a los demás y no tiene en cuenta las necesidades del otro. Ambos tienen problemas de relación y ambos son considerados, pues, faltos de asertividad, aunque el tratamiento será forzosamente diferente en cada caso.

Llegados a este punto y antes de introducirnos de lleno en el tema de la asertividad, tenemos que hacer una advertencia: tal vez algunos de vosotros hayáis oído hablar de este tema, incluso puede que hayáis leído libros al respecto. Quizás os hayan parecido excesivamente "americanos", es decir, abocados a convertir al lector en triunfador de la vida, en un brillante *yuppie* que sale airoso de todas las situaciones que se le presentan. Aquí pretendemos dar un concepto algo diferente al tema de la asertividad, más humilde, pero quizás también más realista: buscamos que la asertividad sea un camino hacia la autoestima, hacia la capacidad de relacionarse con los demás de igual a igual, no estando por encima ni por debajo. Solo quien posee una alta autoestima, quien se aprecia y valora a sí mismo, podrá relacionarse con los demás en el mismo plano, reconociendo a los que son mejores en alguna habilidad, pero no sintiéndose inferior ni superior a nadie. Dicho al revés, la persona no asertiva, tanto si es retraída como si es agresiva, no puede tener una autoestima muy alta, por cuanto siente la necesidad imperiosa de ser valorada por los demás.

2

¿SOY ASERTIVO?

Teóricamente, ¿qué es la asertividad? Definiciones hay muchas. Una de las más clásicas es ésta:

> La asertividad es la capacidad de autoafirmar los propios derechos, sin dejarse manipular y sin manipular a los demás.

Esta frase suena muy bien y seguramente más adelante, cuando sepamos más sobre el tema, nos significará mucho. Pero ahora mismo quizás no muy ilustrativa para la persona que quiera introducirse en este tema. Para comprender mejor en qué consiste esto de la asertividad, permitidme poner unos ejemplos de personas que acudieron a consulta.

Aquí me gustaría resaltar que los problemas de asertividad o de habilidades sociales no siempre son el motivo de consulta de quien acude a una terapia. A no ser que la problemática asertiva sea muy acuciante, las personas suelen plantear problemas de ansiedad, timidez o culpabilidad y muchas veces es el psicólogo quien, tras una serie de análisis, detecta una carencia de habilidades sociales como parte de la problemática. Así ocurrió también en el caso de estas dos personas:

Juana

Juana era secretaria y tenía 36 años cuando acudió a consulta. Estaba separada de su marido.

La exploración psicológica se desarrolló a diversos niveles de profundidad, a medida que se iba analizando el material y la entrevista que realizamos a Juana.

Análisis 1:

Como "motivo de consulta" reseñamos que vino llorando y decía tener una "crisis de identidad". Una relación simultánea con dos hombres le había hecho plantearse muchas cosas de su vida, llegando a la conclusión de que no sabía lo que quería, a quién quería ni cómo iba a desarrollarse su futuro afectivo.

Se definía a sí misma como obsesiva y puntillosa, y decía no poder dejar de darle vueltas constantemente a todo cuanto de importancia le acontecía.

Análisis 2:

Poco a poco la problemática con sus dos hombres fue quedando en un segundo plano, para extenderse a más personas. Progresivamente fue surgiendo que tenía problemas en casi todas las situaciones de interacción: trabajo, universidad, amigos…

Se sentía explotada, pensaba que los demás se aprovechaban de ella y adivinaba intenciones en su contra en casi todo el mundo.

La explicación que daba a tal problemática con la gente era que ella tenía más empuje y energía que el resto de las personas que la rodeaban. Se quejaba de que si ella no tiraba de la gente y tomaba la iniciativa, las cosas no funcionaban.

Análisis 3:

Por medio de autorregistros[1] y entrevistas llegamos a la conclusión de que su conducta era extremadamente agresiva: muy frecuentemente contestaba con brusquedad a preguntas banales, por haber intuido segundas intenciones en ellas.

No dejaba explicarse a la gente y enseguida la etiquetaba públicamente.

En el trabajo y la universidad, cada vez que veía corrillos de gente u oía hablar a más de dos personas entre sí, profería frases del estilo: "si queréis hablar de mí, hacedlo en alto".

Al conocer a alguien nuevo dejaba muy claro quién era ella y qué conductas le gustaban y cuáles le molestaban, "para que no haya malentendidos".

Elena

Elena también tenía 36 años cuando acudió a consulta y trabajaba asimismo como secretaria, pero su problemática era bien diferente.

Era soltera y vivía con su madre y sus dos hermanos, adultos con edades comprendidas entre los 23 y los 36 años.

Análisis 1:

El motivo de consulta fue muy difícil de saber; en principio se quejaba de problemas familiares porque "siempre estamos de bronca", ejerciendo ella de conciliadora. Su impresión era que, si no mediaba, aquello se podía convertir

---

1. Autorregistro: método de obtención de información típico de la terapia cognitivo-conductual, que consiste en que la persona apunte en una hoja una serie de datos preestablecidos, cada vez que siente malestar.

en un infierno. Su madre, decía, era depresiva y también era Elena quien la cuidaba y protegía de las tensiones.

Aun con eso, fue muy difícil extraer más información y llegamos a tardar casi un año en profundizar más.

Análisis 2:

Muy lentamente y con gran dificultad, fue saliendo que su principal problema era la relación con su madre, que los manipulaba y dominaba a todos, provocando las tensiones y broncas que había en la casa. De hecho, se pudo comprobar que ésta tenía a los tres hijos completamente "atados" a ella, llegando a no permitirles salir los fines de semana, ni tener amigos ni mucho menos una pareja. De ahí se derivaba que los tres tenían grandes dificultades de relación con los demás. Concretamente Elena no salía nunca, no tenía amigos y, por lo tanto, carecía por completo de habilidades sociales.

Análisis 3:

Al final se delimitaron dos problemas principales: 1. la falta de asertividad: jamás llevaba a cabo deseos propios, nunca se negaba a nada, ni en el trabajo ni en casa, no sabía enfrentarse ni enfadarse, mostraba un excesivo autocontrol con tal de no demostrar nunca disgusto. 2. Una gran culpabilidad, inculcada por su madre (si no cumplía con sus órdenes era "mala") que la hacía justificar siempre a los demás y nunca a sí misma. En este caso se trató primero el tema más "interno", el de la culpabilidad y luego el externo, las técnicas de asertividad y habilidades sociales.

Juana y Elena nos van a acompañar a lo largo de este libro. Iremos viendo registros y escritos suyos, analizando su problemática y observando cómo se fueron resolviendo sus respectivos problemas.

Características de la sumisión, de la agresividad y de la asertividad

Veamos ahora, en abstracto, cuáles son las principales características de la personalidad de las personas sumisas, las agresivas y, finalmente, las asertivas.

Por supuesto, nadie es puramente agresivo, ni sumiso, ni siquiera asertivo. Las personas tenemos tendencias, más o menos acentuadas, hacia alguna de estas conductas pero no existen los "tipos puros". Por lo mismo, podemos exhibir algunas de las conductas descritas en ciertas situaciones que nos causan dificultades, mientras que en otras podemos reaccionar de forma completamente diferente. Depende de la problemática de cada uno y de la importancia que tenga ésta para la persona.

A lo largo del libro observaréis que utilizamos repetidas veces la palabra "conducta". Cuando hablamos de "conducta" no nos referimos solamente a "comportamiento externo". Como psicólogos cognitivo-conductuales, denominamos conducta a todo el conjunto de comportamientos, emociones, pensamientos, etc. que posee una persona en las situaciones a las que se enfrenta.

Así, para delimitar las características que presenta cada estilo de conducta (sumiso, agresivo y asertivo), describiremos cómo funcionan en cada caso los tres patrones de conducta:

- Comportamiento externo
- Patrones de pensamiento
- Sentimientos y emociones

La persona sumisa

Si estamos muy pendientes de no herir a nadie en ninguna circunstancia, acabaremos lastimándonos a nosotros mismos y a los demás

(P. Jakubowski)

La persona sumisa no defiende los derechos e intereses personales. Respeta a los demás, pero no a sí misma.

Comportamiento externo:

- Volumen de voz bajo - habla poco fluida - bloqueos/ tartamudeos - vacilaciones - silencios - muletillas (estoo... ¿no?)
- Huida del contacto ocular - mirada baja - cara tensa - dientes apretados o labios temblorosos - manos nerviosas - onicofagia[2] - postura tensa, incómoda
- Conductas de sobreadaptación
- Inseguridad para saber qué hacer y decir
- Frecuentes quejas a terceros ("... no me comprende", "... es un egoísta y se aprovecha de mí"...).

Patrones de pensamiento:

- Consideran que así evitan molestar u ofender a los demás. Son personas "sacrificadas".
- "Lo que yo sienta, piense o desee, no importa. Importa lo que tú sientas, pienses o desees".
- Su creencia principal es: "Necesito ser querido y apreciado por todo el mundo".
- Constante sensación de ser incomprendido, manipulado, no tenido en cuenta.

---

2. Onicofagia: hábito de morderse las uñas.

Sentimientos y emociones:

- Impotencia - mucha energía mental, poca externa - frecuentes sentimientos de culpabilidad - baja autoestima - deshonestidad emocional (pueden sentirse agresivos, hostiles, etc. pero no lo manifiestan y a veces no lo reconocen ni ante sí mismos) - ansiedad - frustración.

Este tipo de conducta tiene unas lógicas repercusiones en las personas que les rodean, el ambiente en el que se suelen mover, etc. Estas son las principales consecuencias que, a la larga, tiene la conducta sumisa:

- Pérdida de autoestima
- Pérdida del aprecio de las demás personas (a veces)
- Falta de respeto de los demás.

La persona sumisa hace sentirse a los demás culpables o superiores: depende de cómo sea el otro, tendrá la constante sensación de estar en deuda con la persona sumisa ("es que es tan buena..."), o se sentirá superior a ella y con capacidad de aprovecharse de su bondad.

Las personas sumisas presentan a veces problemas somáticos debidos a las grandes tensiones que sufren por no exteriorizar su opinión ni sus preferencias.

Otras veces, estas personas repentinos estallidos sufren de agresividad. Estos estallidos suelen ser bastante incontrolados, pues son fruto de una acumulación de tensiones y hostilidad y no son manifestados con habilidad social.

La persona agresiva

Defiende en exceso los derechos e intereses personales, sin tener en cuenta los de los demás: a veces no los tiene realmente en cuenta, otras, carece de habilidades para afrontar ciertas situaciones.

Comportamiento externo:

- Volumen de voz elevado - a veces: habla poco fluida por ser demasiado precipitada - habla tajante - interrupciones - utilización de insultos y amenazas
- Contacto ocular retador - cara tensa - manos tensas - postura que invade el espacio del otro
- Tendencia al contraataque.
- También: ironías - desprecios - agresividad sutil

Patrones de pensamiento:

- "Ahora solo yo importo. Lo que tú pienses o sientas no me interesa"
- Piensan que si no se comportan de esta forma, son excesivamente vulnerables
- Lo sitúan todo en términos de ganar-perder
- Pueden darse las creencias: "hay gente mala y vil que merece ser castigada" y/o "es horrible que las cosas no salgan como a mí me gustaría que saliesen".

Emociones y sentimientos:

- Ansiedad creciente
- Soledad - sensación de incomprensión - culpa - frustración
- Baja autoestima (si no, no se defenderían tanto)
- Sensación de falta de control
- Enfado cada vez más constante y que se extiende a cada vez más personas y situaciones

- Honestidad emocional: expresan lo que sienten y "no engañan a nadie".

Como en el caso de las personas sumisas, los agresivos sufren una serie de consecuencias por su forma de comportarse:

- Generalmente, rechazo o huida por parte de los demás
- Conducta de *círculo vicioso*, por forzar a los demás a ser cada vez más hostiles y así aumentar ellos cada vez más su agresividad.

No todas las personas agresivas lo son realmente en su interior: la conducta agresiva y desafiante es muchas veces (yo diría que la mayoría) una defensa por sentirse excesivamente vulnerables ante los "ataques" de los demás o bien es una falta de habilidad para afrontar situaciones tensas. Otras veces sí que responde a un patrón de pensamiento rígido o unas convicciones muy radicales (dividir el mundo en buenos y malos), pero son las menos.

La persona pasivo-agresiva

Este es un perfil nuevo, pero fácilmente reconocible. Como está a caballo entre las conductas sumisas y agresivas, se le llama "Pasivo-agresivo" o "Sumiso-agresivo". Su principal estrategia es el chantaje emocional, es decir, lograr que los demás le hagan favores, le refuercen, le acompañen, etc., a base de hacerles sentir culpables.

Comportamiento externo:

- Hacen sentirse culpables a los demás, o que "no llegas", o suscitan agresividad
- Utilización de indirectas, alusiones impersonales (nadie, nunca…)

- Comparaciones descalificadoras con otras personas: "los demás se portan bien conmigo, mientras que tú..." "Mira la hija de Fulanita, cómo quiere a su madre...

- Se ponen de víctimas: enferman cuando algo no sale como desean, les afecta algo desmesuradamente, hacen mal las cosas...

- Cuando se quiere afrontar con ellos un tema conflictivo, utilizan el cambio de temas, la evitación...

Patrones de pensamiento:

- Se trata de una mezcla entre la sumisión y la agresividad. En principio, tienen baja autoestima y utilizan el chantaje emocional para conseguir que los demás les quieran y atiendan

- Conscientemente, tienen ideas de marcado contenido agresivo hacia el otro que no se atreven a expresar. En general, tienen patrones de pensamiento muy similares a los del modelo agresivo con la diferencia en este caso de que no se traducen en conductas

- Interpretaciones siempre negativas del comportamiento del otro.

Emociones y sentimientos:

- Deshonestidad emocional

- Sensación de impotencia y frustración. En general, participan de los sentimientos de las personas sumisas en cuanto a sensación de inferioridad.

Vamos a presentarte un escrito de una persona con problemas de asertividad. El contenido está plasmado tal cual lo expresó esta persona. ¿A qué estilo crees que corresponde el perfil de esta persona? Cuidado con equivocarte, se puede prestar a interpretaciones erróneas:

> *Siempre que estoy en el trabajo me fijo en Álvaro. Cada cosa que le oigo decir me repatea. Es un estúpido, y dice las mayores idioteces con una seguridad pasmosa. Le odio.*
>
> *Suelo estar muy tenso. Sé que no debo dejar que esto afecte al resto de mis relaciones fuera del trabajo, pero ayer, por ejemplo, sentados cada uno en su mesa, Álvaro comentó: "qué poco les queda a algunos para irse de vacaciones", en clara alusión a mí. Le contesté, bastante tenso, que diez días eran mucho tiempo aún. Me dijo que a él le quedaba mes y medio, y le contesté que cuando le quedaran 10 días como a mí ya me diría cómo estaba. Él contestó algo en voz baja. Yo estaba de espaldas a él, en el ordenador, y no le miré ni le pregunté. Estaba ya tan tenso que pensaba que iba a estallar. Fui incapaz de articular más palabras.*
>
> *Tengo mucho miedo a contestarle. Estoy tan tenso que pienso que mi voz va a salir quebrada. Le odio totalmente. No le soporto, me siento tan inseguro y él está tan tranquilo. Creo que dijo aquello (lo de las vacaciones), para hacerme reaccionar y yo he caído como un estúpido.*
>
> *Él siempre tiene razón y yo no. Me supera, es mejor que yo. Con Ana me va a pasar lo mismo. ¿Cómo puedo pensar en salir con ella? Duraríamos una semana.*
>
> *Cada vez que tengo que hablar con alguien del trabajo, me entra una tensión horrible, me bloqueo y me sale una voz afectada. Eso me deja completamente abatido.*[3]

---

3. La persona es del estilo pasivo-agresivo.

☺ **¿Qué tipo de respuesta sueles tener tú? Seguramente, variarás tu conducta dependiendo del tipo de situación, las personas con las que estés, etc.**

Consulta el listado de situaciones que hiciste al principio. ¿De qué forma respondes a cada una de ellas? ¿Eres asertiva en unas, sumisa en otras y agresiva en otras o sueles mostrar el mismo tipo de comportamiento?

Formas típicas de respuesta no asertiva

Hemos descrito en general los comportamientos, los pensamientos y los sentimientos más comunes a las personas con problemas de asertividad, pero ¿cómo reacciona una persona con problemas de asertividad en una situación concreta de tensión?

Imaginemos una situación que conlleva algo de tensión: Carlos, que es poco asertivo, tiene prestado un libro de Juan desde hace más de un mes. Juan está cansado de reclamarlo una y otra vez, pero a Carlos siempre se le olvida. Por fin, un día, éste le devuelve su libro. Juan, molesto desde hace un tiempo, le dice con ironía: "Hombre, pues muchas gracias. Me gustan las personas que devuelven rápidamente lo prestado".

Carlos se siente muy "cortado" y no es asertivo, pero tiene que afrontar la situación de alguna manera. (Afrontar significa "salir airosamente", no enfrentarse. En este caso, si Juan tiene razón no hay por qué intentar quitársela).

Estas son cuatro de las típicas formas erróneas de responder que podría esgrimir Carlos con su problema de asertividad:

Bloqueo

> *Conducta:* ninguna, "quedarse paralizado".

> *Pensamiento:* a veces no hay un pensamiento claro, la persona tiene "la mente en blanco". Otras veces, la persona se va enviando automensajes ansiógenos y repetitivos: "tengo que decir algo", "esto cada vez es peor", "Dios mío, ¿y ahora qué hago?", etc.

Generalmente, esta forma de respuesta causa una gran ansiedad en la persona y es vivida como algo terrible e insuperable.

En este caso, Carlos simplemente se quedaría "de piedra" y no diría ni haría nada. Esta conducta permite que el interlocutor, al no disponer de datos, interprete la reacción según sea su estilo de pensamiento. Dependiendo de cómo sea Juan, éste podrá pensar: "pues vaya caradura, encima se me queda mirando y no se excusa" o "vaya, parece que ha reconocido su falta. Quien calla, otorga...".

Sobreadaptación

> *Conducta:* el sujeto responde según crea que es el deseo del otro.

> *Pensamiento:* atención centrada en lo que la otra persona pueda estar esperando: "tengo que sonreírle", "si le digo mi opinión, se va a enfadar", "¿querrá que le dé la razón?".

Esta es una de las respuestas más comunes de las personas sumisas.

Carlos, de responder así, simplemente se reiría nerviosamente, haciendo como si el "chiste" de Juan tuviera mucha gracia. No daría ninguna explicación respecto a su demora en devolver el libro.

Ansiedad

Conducta: tartamudeo, sudor, retorcimiento de manos, movimientos estereotipados, etc.

Pensamiento: "me ha pillado", "¿y ahora qué digo?", "tengo que justificarme", etc. La persona se da rápidas instrucciones respecto a cómo comportarse, pero éstas suelen llevar una gran carga de ansiedad.

A veces la ansiedad es parte de un bloqueo. En estos casos la persona no puede pensar nada porque está bloqueada y, generalmente, tampoco emite otra respuesta encaminada a afrontar la situación.

Esta forma de comportamiento tiene grados. Puede ir desde una respuesta correcta, que afronta la situación, aunque con nerviosismo interno o externo, hasta el descrito bloqueo, en el que la persona no emite más respuesta que la ansiedad.

Carlos tal vez sí respondería, pero con ansiedad: "Bueno, es que yoo..., pues sí, je, je, tienes razón, pero yo no quería, es decir, en fin, vaya, que sí, que tienes razón", a la vez que se retorcería las manos o se pasaría la mano una y otra vez por el pelo, riendo nerviosamente.

Agresividad

Conducta: elevación de la voz, portazos, insultos, etc.

Pensamiento: "ya no aguanto más", "esto es insoportable", "tengo que decirle algo como sea", "a ver si se cree que soy idiota".

Esta conducta, a veces, sigue a la de ansiedad. La persona se siente tan ansiosa que tiene necesidad de estallar, con la idea, además, de tener que salir airoso de la situación.

Carlos podría esgrimir cualquier frase desafiante del estilo: "pues tú tampoco eres manco, ¿eh?", "pues no sé a qué viene eso", o peor aún: "oye, a ti nadie te ha pedido la opinión".

La persona asertiva

Vistas ya las conductas que indican falta de asertividad, veamos por fin cómo se comporta, qué piensa y siente la persona que sí es asertiva. Lógicamente, rara vez se hallará una persona tan maravillosa que reúna todas las características; al igual que ocurre con los tipos descritos de sumisión y agresividad, los rasgos que ahora presentamos son abstracciones. Todo lo más, podremos encontrar personas que se asemejen a ese "ideal" e intentar, por medio de las técnicas adecuadas, acercarnos lo máximo posible a él, pero jamás tendremos el perfil completo ya que nadie es perfecto.

Las personas asertivas conocen sus propios derechos y los defienden respetando a los demás, es decir, no buscan "ganar", sino a "llegar a un acuerdo".

Comportamiento externo:

- Habla fluida - segura - sin bloqueos ni muletillas - contacto ocular directo, pero no desafiante - relajación corporal - comodidad postural
- Expresión de sentimientos tanto positivos como negativos - defensa sin agresión - honestidad - capacidad de hablar de los propios gustos e intereses - capacidad de discrepar abiertamente - capacidad de pedir aclaraciones - saber decir "no" - saber aceptar los errores.

Patrones de pensamiento:

- Conocen y creen en unos derechos para sí y para los demás

- Sus convicciones son en su mayoría "racionales" (esto se explicará más adelante).

Sentimientos y emociones :

- Buena autoestima - no se sienten inferiores ni superiores a los demás - satisfacción en las relaciones - respeto por uno mismo

- Sensación de control emocional.

También en este caso, la conducta asertiva tiene unas consecuencias en el entorno y la conducta de los demás:

- Frenan o desarman a la persona que les ataca

- Aclara posibles equívocos

- Los demás se sienten respetados y valorados

- La persona asertiva suele ser considerada "buena", pero no "tonta".

Recordemos el ejemplo antes descrito de la conversación entre Juan y Carlos, en la que Juan reprochaba de forma irónica a Carlos el que éste hubiera tardado mucho en devolverle un libro. Si Carlos, en este caso, es una persona asertiva, cuenta con una serie de habilidades para salir medianamente airoso de la situación, *aunque esto suponga tener que admitir su error*. Estas son las habilidades de las que dispone:

LA PERSONA ASERTIVA...

1. Sabe decir "no" o mostrar su postura hacia algo.
   - Manifiesta su propia postura ante un tema, petición, demanda aunque sea contraria a la opinión de los demás.
   - Expresa su razonamiento para explicar/justificar su postura, sentimientos, petición.
   - Puede contraponerse a algo que otros quieren que haga, pero ella no.
   - Expresa a la vez compresión hacia las posturas, sentimientos o demandas del otro.

2. Sabe realizar peticiones.
   - Expresa la presencia de un problema que le parezca que debe ser solucionado (cuando lo haya).
   - Sabe pedir un cambio de conducta cuando siente que no es respetado; o pedir una acción concreta: un aumento de sueldo, un reconocimiento...

3. Se autoafirma.
   - Reacciona cuando siente que no se le está respetando, pero sin agredir a la otra persona.
   - Exige respetuosamente su derecho a ser escuchada, atendida, tenida en cuenta.

4. Resuelve conflictos de forma que se respeten ambas partes.
   - Reacciona con autoestima ante críticas.
   - Emite críticas de manera respetuosa.
   - Negocia acuerdos.

5. Sabe expresar sentimientos.
   - Expresa gratitud, afecto, admiración...
   - Expresa insatisfacción, dolor, desconcierto...

¿Qué podría haber dicho Carlos en este caso? Si considera que el reproche es razonable no cabe negar la evidencia, con lo cual lo más que puede hacer es decir algo como: "Tienes razón, tendría que habértelo devuelto antes, pero es que soy un despistado. Te prometo que la próxima vez me esforzaré en devolvértelo más pronto". Pero también puede no estar de acuerdo con lo que se le reprocha. En este caso podría responder: "Cuando te lo pedí te dije que tendría que leerlo entero y no he podido hacerlo en tan poco tiempo". O también, si le ha molestado el tono de la increpación: "Bueno, es verdad, pero me molesta un poco el tono irónico en el que me has hablado. Intentaré no tardar tanto la próxima vez, pero tú no me hables así, ¿vale?". Por supuesto, estas son frases estándar que suenan algo artificiales. Carlos tendría que adaptarlas a su lenguaje y forma de expresión.

Cómo nos delatamos: Componentes no verbales de la comunicación asertiva

En Escocia puede ser difícil hacer hablar a un individuo. En España, lo espinoso es conseguir que se calle.

(J.A. Vallejo-Nágera)

Esta es una parte algo más teórica pero, a mi entender, interesante, ya que hace hincapié en un tipo de respuesta que muchas veces pasamos por alto y que, sin embargo, nos está condicionando constantemente: la conducta no verbal, es decir, los gestos, miradas, posturas que emitimos mientras estamos comunicándonos. Remitimos al lector al estudio de los interesantes libros que se han escrito al respecto (véase Bibliografía) y nos limitamos aquí a describir la parte de la comunicación que afecta directamente a la asertividad.

La comunicación no verbal, por mucho que se quiera eludir, es inevitable en presencia de otras personas. Un individuo puede decidir no hablar, o ser incapaz de comunicarse verbalmente, pero todavía sigue emitiendo mensajes acerca de sí mismo a través de su cara y su cuerpo. Los mensajes no verbales a menudo son también recibidos de forma medio consciente: la gente se forma impresiones de los demás a partir de su conducta no verbal, sin saber identificar exactamente qué es lo agradable o irritante de cada persona en cuestión.

Para que un mensaje se considere transmitido de forma socialmente habilidosa (asertiva), las señales no verbales tienen que ser congruentes con el contenido verbal. Muchas veces nos encontramos con individuos que emiten mensajes verbales correctos, pero que no consiguen que los demás les respeten o consideren interlocutores válidos. Las personas sumisas carecen a menudo de la habilidad para dominar los componentes verbales y no verbales apropiados de la conducta y de aplicarlos conjuntamente, sin incongruencias. En un estudio realizado por Romano y Bellack, a la hora de evaluar una conducta asertiva, eran la postura, la expresión facial y la entonación las conductas no verbales que más altamente se relacionaban con el mensaje verbal.

Analicemos uno a uno los principales componentes no verbales que contiene todo mensaje que emitimos:

La mirada

Ha sido uno de los elementos más estudiados en la literatura sobre habilidades sociales y aserción.

Casi todas las interacciones de los seres humanos dependen de miradas recíprocas. Pensemos solamente en cómo nos sentimos si hablamos con alguien y éste no nos está mirando; o, al contrario, si alguien nos observa fijamente sin apartar la mirada de nosotros. La cantidad y tipo de mirada comunican actitudes interpersonales, de tal forma que la conclusión más común que una persona extrae cuando alguien no le mira a los ojos es que está nervioso y le falta confianza en sí mismo (que algunas veces, por nuestra propia inseguridad, la persona que no nos está mirando a los ojos nos "contagie" el nerviosismo, es otra historia...).

> Los sujetos asertivos miran más mientras hablan que los sujetos poco asertivos.

De esto se desprende que la utilización asertiva de la mirada como componente no verbal de la comunicación, implica una reciprocidad equilibrada entre el emisor y el receptor, variando la fijación de la mirada según se esté hablando (40%) o escuchando (75%).

La expresión facial

La expresión facial juega varios papeles en la interacción social humana:

- Muestra el estado emocional de una persona, aunque esta pueda tratar de ocultarlo
- Proporciona una información continua sobre si se está comprendiendo el mensaje, si se está sorprendido, de acuerdo, en contra, etc. de lo que se está diciendo
- Indica actitudes hacia las otras personas.

Las emociones: alegría, sorpresa, ira, tristeza, miedo, se expresan a través de tres regiones fundamentales de la cara; la frente/cejas, ojos/párpados y la parte inferior de la cara.

La gente, normalmente, altera sus rasgos faciales adoptando expresiones según el estado de ánimo o comportamiento que le interese transmitir. También se puede intentar no transmitir o no dejar traslucir estado de ánimo alguno, (la llamada "cara de póker") pero, en cualquier caso, la persona está manipulando sus rasgos faciales.

> La persona asertiva adoptará una expresión facial que esté de acuerdo con el mensaje que quiere transmitir.

Es decir, no adoptará una expresión facial que sea contradictoria o no se adapte a lo que quiere decir. La persona sumisa, por ejemplo, frecuentemente se está "cociendo" por dentro cuando se le da una orden injusta, pero su expresión facial muestra amabilidad. La persona agresiva, por contra, adoptará una expresión de enfado, aunque se esté sintiendo herida por dentro.

La postura corporal

La posición del cuerpo y de los miembros, la forma como una persona se sienta, cómo está de pie y cómo se pasea, refleja las actitudes y conceptos que tiene de sí misma y su ánimo respecto a los demás. Existen cuatro tipos básicos de posturas:

- Postura de acercamiento: indica atención, que puede interpretarse de manera positiva (simpatía) o negativa (invasión) hacia el receptor

- Postura de retirada: suele interpretarse como rechazo, repulsa o frialdad
- Postura erecta: indica seguridad, firmeza, pero también puede reflejar orgullo, arrogancia o desprecio
- Postura contraída: suele interpretarse como depresión, timidez y abatimiento físico o psíquico.

> La persona asertiva adoptará generalmente una postura cercana y erecta, mirando de frente a su interlocutor.

Los gestos

Los gestos son básicamente culturales. Las manos y, en menor grado, la cabeza y los pies, pueden producir una amplia variedad de gestos que se usan bien para amplificar y apoyar la actividad verbal, bien para contradecir, tratando de ocultar los verdaderos sentimientos.

Comparados un grupo de sujetos asertivos con otro que no lo era, se halló que mientras que el primero gesticulaba un 10% del tiempo total de interacción, el segundo grupo solo lo hacía el 4%.

> Los gestos asertivos son movimientos desinhibidos. Sugieren franqueza, seguridad en uno mismo y espontaneidad por parte del que habla.

Componentes paralingüísticos

El área paralingüística o vocal hace referencia a *cómo* se transmite el mensaje, frente al área propiamente lingüística o habla, en la que se estudia *lo que* se dice. Las señales vocales paralingüísticas incluyen:

- *Volumen:* en una conversación asertiva, este tiene que estar en consonancia con el mensaje que se quiere transmitir. Un volumen de voz demasiado bajo, por ejemplo, puede comunicar inseguridad o temor, mientras que si es muy elevado transmitirá agresividad y prepotencia.

- *Tono:* puede ser fundamentalmente agudo o resonante. Un tono insípido y monótono puede producir sensación de inseguridad o agarrotamiento, con muy pocas garantías de convencer a la persona con la que se está hablando. El tono asertivo debe de ser uniforme y bien modulado, sin intimidar a la otra persona, pero basándose en una seguridad.

- *Fluidez-perturbaciones del habla:* excesivas vacilaciones, repeticiones, etc. pueden causar una impresión de inseguridad, inapetencia o ansiedad, dependiendo de cómo lo interprete el interlocutor. Estas perturbaciones pueden estar presentes en una conversación asertiva siempre y cuando estén dentro de los límites normales y apoyados por otros componentes paralingüísticos apropiados.

- *Claridad y velocidad:* el emisor de un mensaje asertivo debe hablar con una claridad tal que el receptor pueda comprender el mensaje sin tener que sobreinterpretar o recurrir a otras señales alternativas. La velocidad no debe ser ni muy lenta ni muy rápida, ya que ambas anomalías pueden distorsionar la comunicación.

Componentes verbales

Separándonos del área no verbal, vamos a analizar muy brevemente aquellos elementos verbales que influyen decisivamente en que una comunicación sea interpretada como asertiva o no.

El habla se emplea para una variedad de propósitos: comunicar ideas, describir sentimientos, razonar, argumentar... Las palabras que se empleen dependerán de la situación en la que se encuentre la persona, su papel en esa situación y lo que pretende conseguir.

Algunas investigaciones en este campo han encontrado una serie de elementos del contenido verbal que diferencian a las personas asertivas de las que no lo son: utilización de temas de interés para el otro, interés por uno mismo, expresión emocional, etc. Asimismo se ha encontrado que la no condescendencia y las expresiones de afecto positivo se dan con mayor frecuencia en personas socialmente habilidosas.

La conversación es el instrumento verbal por excelencia para transmitir información y mantener unas relaciones sociales adecuadas. Implica un grado de integración compleja entre las señales verbales y las no verbales, tanto las emitidas como las recibidas. Los elementos importantes de toda conversación son:

- *Duración del habla:* está directamente relacionada con la asertividad, la capacidad de enfrentarse a situaciones y el nivel de ansiedad social. En líneas generales, a mayor duración del habla más asertiva se puede considerar a la persona, si bien, en ocasiones, hablar durante mucho rato puede ser indicativo de una excesiva ansiedad. De hecho hay personas a las que les resulta más fácil hablar que escuchar, pues en ese caso, al permanecer "pasiva", tiene que mostrar muchas más conductas no verbales que la persona que está hablando.

- *Retroalimentación* (*feed-back*): cuando alguien está hablando, necesita información intermitente y regular de cómo están reaccionando los demás, de modo que pueda modificar sus verbalizaciones en función de ello. Necesita saber si los que le escuchan le comprenden, le creen, están sorprendidos, aburridos, etc.

  Los errores más frecuentes en el empleo de la retroalimentación consisten en dar poca y no hacer preguntas y comentarios directamente relacionados con la otra persona. Una retroalimentación asertiva consistirá en un intercambio mutuo de señales de atención y comprensión dependiendo, claro está, del tema de conversación y de los propósitos de la misma.

- *Preguntas:* son esenciales para mantener la conversación, obtener información y mostrar interés por lo que la otra persona está diciendo. El no utilizar preguntas puede provocar cortes en la conversación y una sensación de desinterés.

Antes de terminar el capítulo quiero resaltar una cosa importante: una golondrina no hace el verano, es decir, porque una persona vacile mucho al hablar, no puede ser tachada automáticamente de insegura y sumisa, o de agresiva si eleva mucho la voz.

Es necesario fijarse en el conjunto de señales no verbales que se emiten para poder calificar objetivamente una conducta.

☺ Te proponemos un ejercicio para realizar con otras dos personas. No hace falta que sean de mucha confianza, ya que no es necesario conocerse para realizarlo.

Dos personas se situarán frente a frente y conversarán sobre un tema previamente establecido. La tercera hará de observador y anotará lo que le parezca importante de la conducta no-verbal de ambos interlocutores. Tras 5 minutos de conversación, el observador dará un *feed-back*, es decir, reflejará a ambos interlocutores lo que le haya parecido correcto e incorrecto de su conducta. Estos reanudarán la conversación procurando modificar sus conductas en base a lo que la tercera persona les haya reflejado. Tras otros 5 minutos, se intercambiarán los papeles.

Para facilitar el registro del observador, sugerimos un modelo fácilmente utilizable:

REGISTRO DE CONDUCTAS VERBALES Y NO VERBALES		
	PERSONA A	PERSONA B
MIRADA _____		
EXPRESIÓN FACIAL:		
Frente/Cejas _____		
Ojos/Párpados _____		
Boca _____		
POSTURA CORPORAL:		
Acercamiento _____		
Retirada _____		
Expansión _____		
Contracción _____		
GESTOS:		
Manos _____		
Cabeza _____		
Pies _____		
VOLUMEN _____		
TONO _____		
FLUIDEZ:		
Vacilaciones _____		
Repeticiones _____		
Tartamudeos _____		
CLARIDAD _____		
VELOCIDAD _____		

3

¿POR QUÉ NO SOY ASERTIVO? PRINCIPALES CAUSAS DE LA FALTA DE ASERTIVIDAD

Si echo mi misma sombra en mi camino, es porque hay una lámpara en mí que no ha sido encendida.

(R. Tagore)

¿Por qué hay personas a las que, aparentemente, les resulta tan fácil tener una respuesta adecuada, "quedar bien" y salir dignamente de las situaciones, y personas para las que lo mismo significa un mundo? ¿Qué ocurre o ha ocurrido en la vida de unos y otros? Veamos las principales causas por las que una persona puede tener problemas de asertividad:

La persona no ha aprendido a ser asertiva o lo ha hecho de forma inadecuada

Las conductas o habilidades para ser o no ser asertivo se aprenden: son hábitos o patrones de conducta, como fumar o beber.

No existe una "personalidad innata" asertiva o no asertiva, ni se heredan características de asertividad. La conducta asertiva se va aprendiendo por imitación y refuerzo, es decir, por lo que nos han transmitido como modelos de comportamiento y como dispensadores de premios y castigos nuestros padres, maestros, amigos, los medios de comunicación, etc.

Ocurre a veces que la persona no asertiva no da con la solución a su problema, porque la busca sin salirse de su patrón de conducta y pensamiento. Por ejemplo: Elena, la persona sumisa descrita anteriormente, era considerada la "buena" de la familia, el "apoyo de su madre". Eso la reforzaba y le hacía sentirse realizada como persona, entre otras cosas porque no recibía ningún otro refuerzo. Al planteársele un cambio hacia una conducta más asertiva, Elena reaccionó muy en contra, pese a estar deseándolo en teoría, porque temía volverse "revolucionaria" y perder así el afecto y el único refuerzo que tenía en su vida: su madre.

En la historia del aprendizaje de la persona no asertiva puede haber ocurrido lo siguiente:

- *Castigo[1] sistemático a las conductas asertivas:* un castigo no necesariamente tiene que ser físico, sino que también se refiere a todo tipo de recriminaciones, desprecios o prohibiciones

- *Falta de refuerzo[1] suficiente a las conductas asertivas:* puede ocurrir que la conducta asertiva no haya sido sistemáticamente castigada, pero tampoco suficientemente reforzada. La persona, en este caso, no ha aprendido a valorar este tipo de conducta como algo positivo

---

1. Para mayor comprensión de los conceptos "refuerzo" y "castigo" ver capítulo 6.8.

• *La persona no ha aprendido a valorar el refuerzo social:* si a una persona le son indiferentes las sonrisas, alabanzas, simpatías y muestras de cariño de los demás, no presentará ninguna conducta que vaya encaminada a obtenerlos

• *La persona obtiene más refuerzo por conductas sumisas o agresivas:* este es el caso de la persona tímida, indefensa, a la que siempre hay que estar ayudando o apoyando. El refuerzo que obtiene (la atención) es muy poderoso. En el caso de la persona agresiva, a veces el refuerzo (por ejemplo, "ganar" en una discusión o conseguir lo que se quiere) llega más rápidamente, más a corto plazo, si se es agresivo que si se intenta ser asertivo

• *La persona no sabe discriminar adecuadamente las situaciones en las que debe emitir una respuesta concreta:* alguien a quien los demás consideran "plasta, pesado" está en este caso. Esta persona no distingue cuándo su presencia es aceptada y cuándo no, o en qué casos se puede insistir en un tema y en cuáles no. También está en este caso la persona socialmente "patosa" que, por ejemplo, se ríe cuando hay que estar serio o hace un chiste inadecuado.

La persona conoce la conducta apropiada, pero siente tanta ansiedad que la emite de forma parcial

En este caso, la persona con problemas de asertividad ha tenido experiencias altamente aversivas (de hecho o por lo que ha interpretado) que han quedado ligadas a situaciones concretas. En Psicología se denomina a este fenómeno "condicionamiento" o "generalización". Dichas experiencias pueden haber sido objetivamente ansiógenas, como en el caso de un inmigrante al que se discrimina, o subjetivas, nacidas en la mente de la persona. Por ejemplo, alguien se puede haber sentido muy diferente y externo a un grupo en el que se ha visto obligado a estar (el niño en una clase nueva), aunque quizás el grupo no lo sentía así.

Situaciones de este estilo pueden dejar en la persona un poso de ansiedad tan grande que a partir de ese momento su respuesta asertiva se ve mermada. Si la persona tiende a generalizar a otras situaciones, pronto todas sus respuestas asertivas sufrirán con esta ansiedad; si no, por lo menos las que se parezcan o tengan algo que ver con la situación inicial suscitarán reacciones de ansiedad.

La persona no conoce o rechaza sus derechos

La educación tradicional nos ha pretendido hacer sumisos. Algunos más, otros menos, todos hemos recibido mensajes del estilo "obediencia a la autoridad", estar callados cuando hable una persona mayor, no expresar la opinión propia ante padres, maestros, etc. Si bien esto responde a un modelo educativo más antiguo, sorprende ver cómo personas jóvenes relatan historiales llenos de reproches, padres autoritarios, prohibiciones para ser ellos mismos, etc.

Por supuesto que estos mensajes, tomados en su justa medida, son una sana aplicación pedagógica para que el niño aprenda a respetar a los demás y a ser educado, pero ¡cuántas veces se exageran estas normas en nombre de una "buena educación"!

Existe una serie de suposiciones tradicionales que a primera vista parecen "normales" pero que, recibidas de forma autoritaria e insistente, pueden dañar a la persona haciéndola sentirse inferior a los demás y sin capacidad para cambiar. Estas "suposiciones tradicionales" pueden ser, por ejemplo: "Es ser egoísta anteponer las necesidades propias a las de los demás". Según y como entendamos esta máxima, puede ser una sana declaración de principios o, por el contrario, algo que hunda a quien lo tome demasiado al pie de la letra. Porque algunas veces tenemos el derecho de ser los primeros. Otra cosa que nos han transmitido a casi todos es: "Hay que ser siempre lógico y consecuente", es más, la persona que, por ejemplo, tiene claro desde pequeño la carrera que va a elegir, el trabajo al que se piensa dedicar, pasa por ser una persona seria, congruente y valiosa. Pero ¿no tenemos derecho, de vez en cuando, a cambiar de línea de acción o de idea? Una tercera máxima, muy extendida, es la que indica que "es vergonzoso cometer errores. Hay que tener siempre una respuesta adecuada, no hay que interrumpir, no hay que hacer demasiadas preguntas". Sin embargo todos tenemos derecho, en un momento dado, a cometer errores, a pedir aclaraciones, a no quedar como ignorantes si no sabemos algo.

Últimamente se prodiga menos este modelo sumiso en el niño. A cambio, medios de comunicación y agentes sociales bombardean con otro mensaje: hay que ser agresivo, subir por encima de los demás, ser más que otros.

En el fondo, ambos modelos no están tan diferenciados entre sí como pueda parecer: ambos supeditan a la persona a la opinión de los demás o la imagen que den al exterior, en vez de centrar la autoestima en los propios logros y respecto a uno mismo. Ambos clasifican el mundo en ganadores y perdedores, en estar "por encima" o "por debajo", en vez de contemplar a los demás como iguales a uno mismo. En suma, ambos pasan por alto los derechos que todos tenemos y que nos harían ser personas asertivas.

¿Qué son los Derechos Asertivos? Son unos derechos "no oficiales" que todos poseemos, pero que muchas veces olvidamos a costa de nuestra autoestima. No sirven para "pisar" al otro, sino para considerarnos a la misma altura que todos los demás.

En la siguiente página te presentamos la lista de los principales derechos asertivos. Si los lees, seguramente pensarás: "ya, claro, eso ya lo sabía yo", pero párate a reflexionar un momento. ¿Realmente haces uso de tus derechos, te acuerdas de ellos en momentos puntuales? Como dice P. Jakubowski:

> *Si sacrificamos nuestros derechos con frecuencia, estamos enseñando a los demás a aprovecharse de nosotros.*

☺ **En este punto saca la lista de situaciones que te causan dificultad, que apuntaste antes, y para cada una de ellas plantéate: ¿qué derecho me estoy saltando y no estoy teniendo en cuenta?**

TABLA DE DERECHOS ASERTIVOS

1. El derecho a ser tratado con respeto y dignidad.
2. El derecho a tener y expresar los propios sentimientos y opiniones.
3. El derecho a ser escuchado y tomado en serio.
4. El derecho a juzgar mis necesidades, establecer mis prioridades y tomar mis propias decisiones.
5. El derecho a decir "no" sin sentir culpa.
6. El derecho a pedir lo que quiero, dándome cuenta de que también mi interlocutor tiene derecho a decir "no".
7. El derecho a cambiar.
8. El derecho a cometer errores.
9. El derecho a pedir información y ser informado.
10. El derecho a obtener aquello por lo que pagué.
11. El derecho a decidir no ser asertivo.
12. El derecho a ser independiente.
13. El derecho a decidir qué hacer con mis propiedades, cuerpo, tiempo, etc., mientras no se violen los derechos de otras personas.
14. El derecho a tener éxito.
15. El derecho a gozar y disfrutar.
16. El derecho a mi descanso, aislamiento, siendo asertivo.
17. El derecho a superarme, aun superando a los demás.

La persona posee unos patrones irracionales de pensamiento que le impiden actuar de forma asertiva

Al describir las principales características de la persona sumisa, agresiva y asertiva, reflejábamos las típicas creencias y esquemas mentales que tiene cada uno de ellos. Así, recordaremos que la persona sumisa suele guiarse principalmente por este esquema mental: "Es necesario ser querido y apreciado por todo el mundo", mientras que la agresiva puede tener este: "Es horrible que las cosas no salgan como a mí me gustaría que saliesen".

Estas creencias o esquemas mentales, así expresadas, son parte de una lista de 10 "Ideas Irracionales" que Albert Ellis elaboró hace ya unos años. Vamos a explicar, de manera rápida y algo sui géneris, en qué consisten estas Ideas Irracionales.

Se supone que todos tenemos, desde pequeños, una serie de convicciones o creencias. Están tan arraigadas dentro de nosotros que no hace falta que, en cada situación, nos las volvamos a plantear para decidir cómo actuar o pensar. Es más, suelen salir en forma de "pensamientos automáticos", tan rápidamente que, a no ser que hagamos un esfuerzo consciente por retenerlas, casi no nos daremos cuenta de que nos hemos dicho eso.

☺ **Te propongo un experimento: elige una situación que te resulte difícil de afrontar, de la lista que hiciste al principio. Divide esta situación en tres momentos: el momento antes de entrar en ella; cuando estés en medio; y después, cuando ya hayas salido de ella. Para cada uno de estos momentos, reflexiona: ¿qué te sueles decir normalmente? ¿Te alientas, te echas hacia atrás, te reprochas o te vas felicitando sobre tu actuación? Seguramente, en estos automensajes estarán insertas gran parte de tus creencias y convicciones y de ellos depende que tengas el ánimo de afrontar airosamente la situación o que la encares como un perdedor.**

Una convicción típica puede ser la de que necesitamos sentirnos apoyados o queridos para estar a gusto. Otra podría ser la necesidad de sentirnos competentes en algún área de nuestra vida para tener la autoestima medianamente alta.

Albert Ellis, psicólogo de los años 50, enumeró 10 de estas convicciones que todos poseemos en mayor o menor medida. Están reflejadas a continuación. Ellis las llamó "irracionales" ya que, según él, no responden a una lógica ni son objetivas. En efecto, tomadas al pie de la letra, nadie realmente "necesita" ser amado para sobrevivir, ni "necesita" ser competente para tener la autoestima alta.

LISTA DE IDEAS IRRACIONALES DE ELLIS

1. Es necesario para un ser humano ser querido y aceptado por todo el mundo.

2. Uno tiene que ser muy competente y saber resolverlo todo si quiere considerarse necesario y útil.

3. Hay gente mala y despreciable que debe de recibir su merecido.

4. Es horrible que las cosas no salgan de la misma forma que a uno le gustaría.

5. La desgracia humana es debida a causas externas y la gente no tiene ninguna o muy pocas posibilidades de controlar sus disgustos y trastornos.

6. Si algo es o puede ser peligroso o atemorizante, hay que preocuparse mucho al respecto y recrearse constantemente en la posibilidad de que ocurra.

7. Es más fácil evitar que hacer frente a algunas dificultades o responsabilidades personales.

8. Siempre se necesita de alguien más fuerte que uno mismo en quien poder confiar.

9. Un suceso pasado es un importante determinante de la conducta presente, porque si algo nos afectó mucho, continuará afectándonos indefinidamente.

10. Uno debe de estar permanentemente preocupado por los problemas de los demás.

Pero dado que no somos máquinas y que, por suerte o por desgracia, amamos, odiamos, estamos tristes y somos felices, no se puede pedir a nadie que no posea estas convicciones, por lo menos en algún grado. Por lo tanto, yo traduciría la teoría de Ellis en lo siguiente: todos poseemos estas ideas en mayor o menor medida. Por supuesto que casi todos nos sentimos mejor si contamos con un apoyo, si nos sentimos queridos; por supuesto que, para tener una buena autoestima se requiere, entre otras cosas, considerarse competente y saber mucho de algo.

El problema comienza cuando una o varias de estas creencias se vuelven tan importantes para nosotros que supeditamos nuestras acciones y conductas a su cumplimiento. Por ejemplo: la persona para la cual es absolutamente vital recibir el afecto de los demás, buscará este apoyo en todo lo que haga, es decir, intentará gustar a todo el mundo, estará constantemente temerosa de "fallarles" a los demás, interpretará gestos y palabras como "ya no me quieren", etcétera.

Lo mismo le ocurre a la persona que necesita ser competente y hacerlo todo bien para sentirse valiosa. Pronto se convertirá en un perfeccionista que nunca estará satisfecho con lo que haga, que se autorreproche y culpabilice ante cualquier error y que ponga su listón tan alto que difícilmente pueda llegar a él. Cualquier exageración de una de estas creencias o convicciones puede proporcionar un considerable sufrimiento a quien las vive de esta forma, y suele traducirse en alguna conducta disfuncional. Así, la persona que tenga como necesidad suprema la Idea nº 1 ("Es necesario ser amado o aceptado por todo el mundo"), no puede ser asertiva, ya que, para ella, es intolerable no caer bien a los demás y una excesiva asertividad le parecería peligrosa para cumplir este objetivo. A la persona agresiva le ocurrirá lo mismo, pero al revés: la asertividad le parecerá demasiado amenazante porque puede quedar como excesivamente "blanda" ante los demás, sobre todo si tiene

---

2. La solución la tienes en el capítulo 5, "Aplicación de la Reestructuración Cognitiva a problemas de Asertividad".

muy arraigada la Idea Irracional n° 3 ("Hay gente mala, despreciable, que debe ser castigada por ello"), y también si su Idea es la n° 4 ("Es horrible que las cosas no salgan como a mí me gustaría que salieran"), ya que la conducta asertiva implica ceder de vez en cuando y obtener las cosas con paciencia y consenso, algo incompatible con la rigidez mental que sugiere esta última creencia irracional.

La persona, normalmente, no tiene la "culpa" de poseer estas convicciones. La mayoría de las veces, estas se van formando a lo largo de la educación y, si no se hace nada en contra u ocurre algo muy fuerte, se van afianzando y reforzando.

Muy frecuentemente se trata de máximas que van circulando por la sociedad y que se dan por asumidas. Como decíamos antes, hace un tiempo se nos transmitía un patrón de conducta sumisa y ahora el patrón de conducta tiende más hacia la agresividad, pero siempre se nos transmite una conducta defensiva. Las creencias que circulan por la sociedad desde tiempo inmemorial son del estilo: "tengo que defenderme de los demás; si no, me hacen daño"; "es peligroso mostrarse débil, se pueden aprovechar de ti"; "no puedo mostrar mis verdaderos sentimientos. Es peligroso lo que puedan pensar los demás de mí", etcétera.

☺ Repasa una a una las Ideas Irracionales de Ellis e intenta pensar qué patrones de conducta sumisa puede desencadenar cada una de ellas si se sienten como una "necesidad imperiosa".[2]

4

TRABAJANDO CON LA ASERTIVIDAD: IDENTIFICACIÓN DE LAS CONDUCTAS ERRÓNEAS

Dado que los tipos "sumiso", "agresivo" y hasta el "asertivo", tal y como los describíamos en el capítulo precedente, no existen como "tipos puros", puede resultar difícil saber cuándo una persona comparte con el común de los mortales algunas dificultades para comunicarse asertivamente y cuándo estas dificultades se están convirtiendo en "problema psicológico". Desde el punto de vista cognitivo-conductual, un "problema" no es tal porque figure en los libros con una serie de síntomas descritos, sino porque una persona (y en algunos casos las personas cercanas a ella) siente que las dificultades que tiene son un "problema". Es decir, si alguien es absolutamente asocial, solitario e introvertido, pero está satisfecho con esa forma de ser *y no molesta a nadie* que le sea cercano (y aun en este último caso habría que analizar dónde y en quién está el problema), esta persona *no tiene un problema* y no hay que obligarle a cambiar si no lo desea. En el momento en el que esa forma de ser le cause dificultades o le resulte molesta para la consecución de algún fin, será la propia persona la que defina sus dificultades como "problema". El que emprenda pasos para mejorar es otro tema más complicado (existen muchas "defensas", autoengaños, etc.) que ahora no vendría al caso. El hecho es que muchas personas sufren con sus dificultades de comunicación y que existen diversas técnicas encaminadas a paliar estas dificultades.

Para ello, lo mejor es comenzar por saber exactamente qué problemas se tienen y dónde, cuándo y cómo ocurren, cosa que, frecuentemente, no se sabe con precisión. Seguramente las personas que estéis leyendo este libro pensaréis: "pues yo sí que sé qué problemas de asertividad tengo y en qué situaciones"; es cierto, pero de "saber" a delimitar exactamente las circunstancias de esa dificultad, hay un paso. ¿Sabéis, por ejemplo, de qué dependen vuestras dificultades? ¿Habéis observado si ocurren en presencia de una persona concreta, de una situación específica o si dependen de lo que os decís en cada momento? ¿Tenéis claro cuáles son las convicciones irracionales que están condicionando vuestra conducta?

Es sumamente importante responder a estas preguntas si se quiere solucionar un problema de asertividad.

> Si no se delimita exactamente el problema, no podrá so-lucionarse nunca.

La primera regla para entresacar la intrincada red de circunstancias que rodean una conducta es pensar: ¡no sé nada respecto a esta conducta! Es así como podremos averiguar realmente qué está ocurriendo, sin dejarnos influir por pensamientos como "esto ya lo sé", "no me hace falta analizar si ya me conozco", etcétera.

El segundo paso será poner en práctica una serie de métodos de observación que nos permitan conocer mejor nuestra conducta-problema y las circunstancias por las que se ve influida, a fin de enfocar correctamente los pasos que nos van a llevar a modificarla.

Para saber exactamente qué ocurre con nuestra conducta-problema y cómo podemos afrontarla necesitamos:

- Una correcta formulación del problema
- Una observación precisa y exhaustiva de las circunstancias que rodean la conducta-problema
- Un análisis detallado de los datos obtenidas, a fin de detectar qué mantiene una determinada la conducta (por qué no desaparece) y cómo podemos modificarla.

Formulación correcta del problema

Saber cuál es la conducta que nos causa problemas no basta para afrontarla adecuadamente. Hace falta que nos la formulemos de forma precisa y objetiva.

Así, por ejemplo, Elena y Juana, las personas con problemas de asertividad (Elena sumisa y Juana agresiva) que describíamos al principio, relataron así su problema en la primera entrevista:

Elena:

Tengo muchos problemas a la hora de hablar con la gente. Nunca sé qué decir y las conversaciones se terminan enseguida. Creo que es porque tengo tanto miedo a meter la pata que prefiero no decir nada.

Juana:

No sé qué me pasa con la gente. Yo creo que están acostumbrados a que siempre haya alguien que les saque las castañas del fuego y si les fallo en ese sentido ya les caigo mal y me ponen malas caras.

Parece que digan mucho pero, en el fondo, con estas palabras no nos han dicho nada. No podríamos empezar a trabajar basándonos solamente en este párrafo.

Necesitamos contestar una serie de cuestiones para poder centrarnos y saber en qué consiste realmente el problema. Estas son:

- *Con quién ocurre* (jefes, compañeros, hombres, mujeres, niños; alguna persona o personas concretas, etc.)

- *Cuándo ocurre (momento y lugar)* (en el trabajo, con los amigos, en reuniones, en actos sociales, cuando estoy con mi pareja...)

- *Qué es lo que me preocupa de la situación* (lo que piensan los demás, lo que pienso yo, quedar mal, hacer el ridículo, parecer tonto, etc.)

- *Cómo lo suelo afrontar normalmente* (evito las situaciones problemáticas, me "pego" a alguien, no digo nada, me enfado y grito, etc.)

- *Por qué no soy asertivo con esta conducta concreta; dicho de otra forma: qué temo que ocurra si me muestro asertivo* (que no se me acepte, que se me considere un jefe duro, que no se me respete, etc.)

- *Cuál es el objetivo que persigo al querer cambiar mi conducta* (que se me estime profesionalmente, que se me tenga afecto, que no me tomen más el pelo, etc.).

Veamos cómo cambia la formulación de Elena si intenta contestar a estas preguntas:

En las reuniones informales, por ejemplo en una boda o en fiestas del trabajo (no me muevo en otros ambientes), me cuesta mucho conversar con la gente. Nunca me acerco a grupos ni a personas sueltas y cuando se acercan a mí, contesto con monosílabos y no aporto nada. Intento pensar rápidamente en algo que decir, pero me quedo bloqueada. Mi mayor temor es que pueda decir algo que moleste a los demás. Con solo poder conversar de manera fluida cuando alguien se acerque a mí me conformaría.

Y Juana podría decir:

En mi trabajo y en la Facultad (con mis amigos íntimos no), tengo dificultades para relacionarme con la gente, ya que siempre parece haber problemas de poder entre ellos y yo. Creo que me tienen para sacarles las castañas del fuego. El caso es que me siento mal cuando veo corrillos de gente cuchicheando y riéndose, porque pienso que están hablando de mí. Cuando veo esto, me encaro directamente con ellos, para que no crean que soy tonta y no me doy cuenta de las cosas. Si me mostrara más 'blanda' me tomarían por el pito del sereno. Lo único que pretendo es que me dejen vivir tranquila.

Esto ya comienza a parecerse a un instrumento de trabajo y, aun así, a un psicólogo no le bastaría. Hace falta más, mucho más, para saber qué condiciona exactamente la conducta y cuáles son los pasos a emprender para evitarlo.

☺ **Elige de tu lista los 2 o 3 situaciones que más te preocupen. Intenta describírtelas en un párrafo, sin pensar mucho, tal y como se las describirías a otra persona. ¿Es suficiente información para comenzar a trabajar sobre ello?**

Intenta ahora describir la misma situación dando respuesta a las preguntas formuladas arriba. ¿Aprecias alguna diferencia respecto a la anterior descripción? ¿Podrías comenzar a trabajar sobre ello?

Observación precisa

En terapia invertimos unas cuatro sesiones en realizar una exhaustiva entrevista a cada persona. En ella nos informamos de lo que ocurre alrededor y en el interior de la persona cada vez que aparece el problema.

Por supuesto aquí no podemos plasmar las cuatro sesiones de entrevista, pero sí un resumen de las principales cuestiones.

Normalmente se divide la conducta en las tres áreas cognitiva, motórica (o comportamiento externo) y emocional. A partir de ahí se plantean preguntas que respondan a las siguientes cuestiones:

Área cognitiva

- ¿Qué pienso exactamente *antes* de enfrentarme a una situación que temo?

- ¿Qué pienso o qué me digo *durante* la situación, mientras estoy actuando o actúan los demás?

- ¿Qué pienso *después* de finalizada la situación temida, cuando saco conclusiones sobre lo ocurrido?

Área motórica

- ¿Qué hago exactamente en las situaciones temidas? ¿Me quedo callado, contesto agresivamente, huyo de la situación...?

- ¿Qué habilidades sociales poseo? Esto lo sabré si me observo en situaciones sociales en las que no estoy tenso o lo estoy en menor grado. En estos casos ¿presento la misma conducta que en las situaciones temidas? ¿cuál es la diferencia?

Área emocional

- ¿Cómo me siento en las situaciones que me cuesta afrontar?

- ¿Qué síntomas físicos experimento: taquicardia, sudoración, pérdida de visión momentánea, mareos, tartamudeo...? ¿En cuánto me influyen a la hora de actuar?

También es importante explorar y observar las situaciones concretas que nos causan temor:

- ¿Qué personas o tipo de personas suelen estar presentes?

- ¿Tienen algo en común las situaciones que temo, por ejemplo: mismo lugar, mismo tipo de situación (formal, informal, fiestas, reuniones...), mismas personas...?

- ¿Qué hace que me tranquilice, me sienta más seguro me tense, me sienta ansioso? ¿Influye en ello alguna persona, alguna reacción hacia mí, algún gesto o comentario?

Por supuesto, estas preguntas no son suficientes para iniciar una terapia, pero pueden servir a las personas que lean este libro para comenzar a explorarse y adquirir una nueva actitud hacia los problemas de asertividad.

☺ **Intenta contestar a estas preguntas con las 2 o 3 situaciones de tu listado que hayas elegido. Seguramente se te aclararán algunas cuestiones que no habías tenido en cuenta hasta ahora, pero necesitas observarte todavía más para poder trabajar contigo mismo.**

La clave para contestar correctamente a estas preguntas es observar atentamente cuándo, cómo, en qué circunstancias ocurre la conducta y qué sucede a la vez en el interior de la cabeza de la persona que la está emitiendo. En terapia, como ya hemos dicho, utilizamos para ello unas cuatro sesiones y ponemos "deberes" (autorregistros) a la persona para que se autoobserve durante la semana. En estas páginas no pretendemos confeccionar un manual completo de autoobservación. Daremos simplemente unas cuantas pautas por si algún lector quiere practicar la autoobservación y mostraremos unos registros realizados por personas que han pasado por nuestra consulta.

Cómo autoobservarme correctamente

Para poder contestar mejor a las preguntas del tipo de las expuestas anteriormente, es necesario realizar una precisa autoobservación que nos permita detectar exactamente cuándo, cómo, con quién y en qué circunstancias emitimos una conducta problemática; con qué frecuencia la emitimos y si la intensidad (más o menos fuerte) de la conducta depende de los factores mencionados. Observar cómo afrontas las situaciones es esencial ya que te permite saber cómo reaccionas en el presente, pero también cómo vas progresando y qué tienes que hacer para cambiar tu conducta. Observar y anotar tu comportamiento te será de ayuda inmediata, ya que irás adquiriendo más y más conciencia del mismo. Además, dispondrás de un instrumento objetivo de evaluación del cambio que se produce a lo largo del tiempo.

A veces ocurre que el mero hecho de autoobservarte hace que modifiques tus conductas; es la llamada "reactividad" de la observación. En ocasiones, esta reactividad es negativa:

hace que la persona se obsesione más con su conducta al tener que estar pendiente de ella. Pero en la mayoría de los casos, si se realiza correctamente, esto no ocurrirá y la posible alteración positiva del comportamiento habitual, desaparecerá pronto, en cuanto nos hayamos habituado a este tipo de observación. Por ello, la autoobservación por sí sola no basta para modificar nuestra conducta. Es solo el primer paso de toda una serie de estrategias encaminadas a modificar una conducta que nos causa problema, pero en ningún caso nos bastará solo con observar.

Hay que tomarse un tiempo, por lo general de tres semanas a un mes, durante el cual estaremos observando nuestra conducta externa e interna. Un período de tiempo menor no nos daría una información lo suficientemente precisa como para saber exactamente qué nos ocurre y podríamos sacar conclusiones precipitadas sobre la causa de nuestro problema. Esto nos llevaría a intentar modificar nuestra conducta de forma errónea o a continuar en la misma línea que seguíamos hasta ahora. Ninguna de estas opciones resolvería el problema y, en el peor de los casos, nos generarían una sensación de frustración y falta de remedio ante nuestro problema.

Existen dos tipos de instrumentos que nos pueden ayudar a observar mejor nuestra conducta: las *escalas* y los *autorregistros*.

Bajo el término *escalas* se engloba todo tipo de tests, cuestionarios e inventarios que exploran de forma objetiva datos tales como los principales síntomas de un problema, su frecuencia, las circunstancias que lo rodean, etc. Para el tema de la Asertividad existen muchos cuestionarios. Los más utilizados son:

- Inventario de Asertividad de Rathus
- Cuestionario de Asertividad de Sharon y Gordon Bowers
- Inventario de Aserción de Fensterheim, adaptado de Rathus, Lazarus, Troy y Wolpe.

También existe una escala que mide la asertividad en español, realizada por Elena Gismero. Se trata de la Escala de Habilidades Sociales (EHS) y está editada por TEA en el año 2000.

Así mismo puede ser interesante explorar el grado y tipo de tensión que se experimenta ante las situaciones que más dificultades causan. Entre otras herramientas encontramos:

- Inventario de Tensión de Fensterheim y Baer
- Cuestionario de Temores de Wolpe.

Pero lo que verdaderamente nos va a dar la clave, si lo sabemos analizar bien, de nuestras dificultades, son los autorregistros. Un autorregistro es una hoja de papel en la que se apuntan, a medida que van ocurriendo, las conductas problemáticas, los factores que intervienen en ellas, las circunstancias que las rodean, etc. Se utiliza tanto para realizar una observación inicial, a lo largo de tres o cuatro semanas, como para ir viendo los progresos que se realizan una vez iniciado un tratamiento del problema. Igualmente, puede servir para analizar posibles fracasos y ver qué se puede hacer la siguiente vez.

No existe un modelo estándar de autorregistro. Lo importante es tener en cuenta que el autorregistro es un método para observar y registrar tanto la conducta manifiesta (pública) como la encubierta (pensamientos y sentimientos). Al final del capítulo os presentamos varios modelos de autorregistro. Como veréis, pueden variar los factores a registrar, dependiendo de lo que se busca, de si estamos registrando nuestra conducta antes de haberla modificado, durante o después, etc. Sin embargo, hay algunos determinantes que siempre se deben registrar:

- La *frecuencia* de aparición de la conducta problema. Es decir: ¿cuántas veces ocurre al día/semana/mes? ¿Ocurre en todas las ocasiones o solo a veces? ¿De qué depende?

  Normalmente se recuenta apuntando el día y la hora en que sucedió la conducta a observar y la situación y las circunstancias que la precipitaron.

- La *intensidad* o gravedad que para cada uno tenga la conducta. Interesa lo que la persona entienda como grave, no lo que objetivamente debería considerarse grave o leve. Esto es así porque lo que la persona interprete como grave estará influyendo en sus pensamientos y, consiguientemente, en sus sentimientos y conducta.

  Para apuntar mejor la intensidad, se puede establecer una escala numérica (1-5), que vayan de menor a mayor gravedad, o poner, simplemente, grave - intermedio - leve.

- La *conducta concreta* que se haya realizado, entendiendo como conducta tanto la interna como la externa, es decir, lo que se ha hecho, lo que se ha pensado al respecto y lo que se ha sentido física o anímicamente.

Otros datos a registrar podrían ser la repercusión (también interna o externa) que la conducta haya tenido en uno mismo o en los demás, la idea irracional subyacente, las posibles cuestiones a modificar, etcétera.

Una de las ventajas de los autorregistros frente a otras formas de medir las conductas problemáticas radica en que no hay que recordar situaciones pasadas para llegar a conclusiones sobre el problema, con la consiguiente distorsión que esto conlleva, sino que se van anotando los episodios en el momento en el que ocurren (o, como muy tarde, la misma noche en que han sucedido), con lo cual, el grado de fiabilidad de la información es mucho mayor. Pero para ello, es necesario llevar un registro exacto. Es imperativo que este sea escrito y que la persona se comprometa a rellenarlo todos los días o en todas las ocasiones en las que ocurre algo relacionado con el problema. Llevando así una hoja de datos diaria, se tendrá evidencia objetiva sobre los cambios que se van experimentando. Si no se realizan las anotaciones regularmente, se tendrá que confiar en la memoria y esta es un método de autoobservación muy inexacto, tal y como han demostrado múltiples investigaciones.

Aun con todo lo dicho, a veces la conducta se registra de forma inexacta. Los mensajes irracionales que nos mandamos suelen ser muy poderosos y distorsionan a menudo lo que vemos, sobre todo si algo nos está afectando y entronca directamente con alguna creencia irracional. Así, por ejemplo, una persona que tema mucho quedar en ridículo o que esté continuamente pendiente de lo que los demás piensan de él, anotará quizás "se dieron cuenta de que estaba nervioso", "todos me miraron con cara extrañada" y hasta "me puse colorado", sin evidencia de que esto haya ocurrido realmente. La propia conducta se ensombrece, la persona solo se fija en los aspectos negativos y al cabo de un tiempo de estar registrando se siente desalentada.

Lo ideal sería que, paralelamente al autorregistro, otra persona de confianza relatara al interesado cómo "ha quedado" visto desde fuera. Evidentemente esta persona no puede seguirle a todas partes para observarle. Pero basta una muestra de situaciones en las que ambos puedan contrastar sus puntos de vista sobre la actuación en cuestión para que la persona interesada sepa si tiene tendencia a filtrar la realidad o si contempla las cosas de forma objetiva y realista. Por ello, convendría que la persona elegida fuera alguien que compartiera con el interesado situaciones de diversa índole, es decir, que fuera su pareja, sus padres o hermanos o algún amigo de mucha confianza.

Presentaremos a continuación algunos ejemplos de autorregistros. Están rellenados por personas que mostraban dificultades de asertividad y que acudieron a nuestra consulta.

AUTORREGISTRO Nº 1

Fecha: 16 - 4 - 07

Situación: Haciendo cola ante una farmacia de guardia. Un chico, que al principio me había preguntado si yo era la última (lo era), se coló delante de un señor que había delante de mí, diciéndole al farmacéutico que solo quería dos insulinas y que traía el dinero justo. A nosotros ni nos miró.

Pensamientos antes: Este tío me está mosqueando. No se está poniendo detrás de mí, seguro que se quiere colar. Voy a pegarme al que tengo delante, para que no se pueda poner en medio.

Pensamientos durante: Debería decirle algo. Todo el mundo está tan normal que no me atrevo... Quizás no es tan raro que haga eso, como de hecho no está haciendo perder tiempo a nadie... Pero si todo el mundo hiciera como él no nos tocaría nunca. Tengo que actuar...

Pensamientos después: He sido una idiota. Debería haberle dicho algo. Los demás estaban tan cortados como yo, pero eso no es excusa. Así los tíos que tienen morro cada vez tendrán más.

Grado y tipo de malestar: Alto. Sensación de ridícula y de tonta durante todo el rato.

Consecuencias: Después estuve bastante rato dándole vueltas al asunto y reprochándome haber sido tonta una vez más. A lo largo del día, de pronto, me acordaba de la situación y me sentía mal conmigo misma.

(En este registro, se rellena una hoja por situación, mientras que en los otros que presentamos, se pueden poner varias situaciones en una misma hoja).

AUTORREGISTRO Nº 2

SITUACIÓN	CONDUCTA	PENSAMIENTO	SENTIMIENTO	REPERCUSIÓN
Saliendo de un bar enfrente a un cuartel, un soldado me dijo que allí no se podía aparcar.	Le respondí de muy malas maneras que ellos no tenían que decirme dónde aparcar.	¿Qué se han creído estos militares, que pueden mandar lo que quieran?	Rabia.	El chico parecía muy trastornado. Después me dio pena por él.
Conduciendo en un atasco, un "listo" me adelantó por la derecha y se coló delante de mí.	Bajé la ventanilla y le grité bastantes tacos. También le hice gestos obscenos.	Aquí todos tenemos prisa…: ¿Será gilipollas?	Mucha ira y ganas de ir a por él.	El otro siguió a su aire y le perdí de vista.

AUTORREGISTRO N° 3

FECHA	SITUACIÓN	CONDUCTA	ASPECTOS SATISFACTORIOS DE LA EJECUCIÓN	ASPECTOS DE LA EJECUCIÓN QUE NECESITAN MEJORARSE	EVALUACIÓN GLOBAL: BUENO-REGULAR-POBRE
11. Junio.	Claustro de profesores.	Intervine algunas veces.	Pude hablar sin bloqueos en lo que me interesaba decir.	En todo momento me sentí mal por dentro: taquicardias, sudores.	Regular.
3. Septiembre.	Examen de septiembre.	Pillé a uno copiando y protestó.	Me mantuve en mi lugar, supe contestarle bien.	Me temblaba la voz y creo que se notó.	Bueno.

☺ Elige una situación problemática de las 2 o 3 que habías entresacado de tu lista. Este va a ser "tu" problema, con el que vas a trabajar a partir de ahora. Construye un modelo de autorregistro a tu medida o, si lo prefieres, utiliza alguno de los presentados arriba y dedica unas tres-cuatro semanas a apuntar lo que ocurre cada vez que tiene lugar la situación que has elegido. La única manera que esto sea efectivo es si te dedicas seriamente a hacerlo y apuntas, realmente, todo cada vez.

Para ilustrar aún más este importante capítulo, mostramos unos ejemplos de autorregistros de las dos personas con problemas de asertividad (Juana y Elena) que describíamos al principio del libro. ¿Cuál crees que es de Juana y cuál de Elena?

El registro n° 1 corresponde a Elena y el n° 2 a Juana

AUTORREGISTRO N° 1

SITUACIÓN: Copa con todos los compañeros del trabajo.

PENSAMIENTOS ANTES: Ojalá pudiera no ir, pero si digo que no me apetece, intentarán convencerme y no quiero que sospechen que estoy huyendo, que soy una cortada. Estoy segura de que lo voy a pasar mal. A lo mejor, si bebo me animo un poco. Quiero estar suelta, graciosa, moverme y hablar con todo el mundo, pero temo estar agarrotada y no encontrar temas de conversación.

PENSAMIENTOS DURANTE: Estoy sosa, parada. Soy incapaz siquiera de moverme para picar algo. Aquí, pegada como una lapa a una compañera que no para de hablar. Tengo que sonreír, mostrar que estoy tan alegre como casi todos. Se están dando cuenta de que estoy siguiendo a Esther por toda la sala. Si ella se va, verán que me quedo sola. Les inspiraré lástima. ¡Que termine esto! A ver si se hace la hora para hacer mutis por la puerta.

PENSAMIENTOS DESPUÉS: Ha sido más de lo mismo. Lo que me suele pasar casi siempre. Toda una fiesta es mucho para mí. Espero que caiga en saco roto y se olviden, aunque seguro que ya me conocen como "la sosa" y nunca podré cambiar esa imagen.

GRADO Y TIPO DE MALESTAR: Durante toda la fiesta, náuseas y tensión. Bloqueo cada vez que tenía que decir algo. Grado de malestar muy alto.

CONSECUENCIAS: Nadie me trató de modo especial al día siguiente. Como siempre.

AUTORREGISTRO N° 2

SITUACIÓN: Al salir de clase, Mª Cruz no me ofrece su coche para volver a casa.

CONDUCTA: No digo nada, pero dejo bien claro que me ha molestado. Pongo expresamente mala cara, no le contesto cuando me dice algo, al final le pego un portazo delante de las narices.

PENSAMIENTO: Me joroba la gente. Ellos pueden contar contigo, tú no. Deberías acordarte: no te des tanto y no esperarás de nadie. Lo que tengo que hacer es pasar de todos y que se vayan a la mierda ellos solos.

SENTIMIENTO: Inmenso cabreo, se me pasan las ganas de comer.

REPERCUSIÓN: Lo dicho: no como prácticamente nada.

5

MEJORANDO MI ASERTIVIDAD: TÉCNICAS PARA SER MÁS ASERTIVO

Sea usted mismo, incluso con sus defectos. No pretenda representar ningún papel, no finja: sea usted mismo... un poquito mejorado, pero manteniendo su identidad.

(J.A. Vallejo-Nágera)

A la hora de comenzar a entrenar una conducta asertiva, hay que volver a tener en cuenta los tres niveles de funcionamiento (cognitivo, emocional y motórico) que, decíamos, son la estructura de toda conducta. Tras haber analizado de forma precisa la conducta-problema observada, sabremos si el problema proviene principalmente de los esquemas mentales que tiene la persona y que le transmiten unas ideas que hacen que su conducta sea poco asertiva. Si, por el contrario, la fuente principal del problema está en una falta de habilidades para comunicarse correctamente o si es una excesiva ansiedad la que frena la correcta emisión de la conducta.

En la mayoría de los casos se tratará de una mezcla de las tres cosas, si bien siempre hay un factor predominante al que hay que dar mayor énfasis a la hora de afrontar el problema. Normalmente será por este factor principal por el que se comience a entrenar la asertividad.

Existen, pues, tres tipos de técnicas (o paquetes de técnicas) para cada uno de los niveles de funcionamiento:

- Técnicas de Reestructuración Cognitiva
- Entrenamiento en Habilidades Sociales
- Técnicas de Reducción de Ansiedad.

Frecuentemente, como complemento a las técnicas que se utilicen, se añade otro tipo de técnicas:

- Técnicas de Resolución de Problemas, que necesitan, para ser llevadas a cabo, de un dominio de técnicas cognitivas, conductuales y de reducción de ansiedad. Por tratarse de una técnica complementaria, no se describirá en este libro.

Técnicas de Reestructuración Cognitiva

Este tipo de técnicas no se utilizan exclusivamente para el entrenamiento de la asertividad. Normalmente, en cualquier proceso terapéutico, sea cual fuere la problemática que muestre la persona, se realizará una Reestructuración Cognitiva.

Esta consiste en:

- *Concienciarse de la importancia que tienen las creencias* en nosotros, la mayoría de las veces muy arraigadas desde la infancia y que, cuando son irracionales, "saltan" en forma de pensamientos automáticos ante cualquier estímulo problemático y nos hacen sentir mal. En el capítulo 3 hablábamos de lo que son las "creencias" o esquemas mentales y exponíamos la lista de Ideas Irracionales de Ellis.

Por supuesto, no todas las creencias son irracionales. "La amistad es un valor muy importante y hay que cuidarla" es una creencia perfectamente racional y como esta hay miles de ellas. En una misma persona "conviven" muchas creencias racionales y una o dos irracionales.

En esta fase se suele plantear frecuentemente la clásica pregunta: ¿qué viene antes, los pensamientos o los sentimientos? O dicho de otra forma: ¿son los pensamientos los que nos hacen sentirnos mal o son los sentimientos los que hacen que pensemos de forma errónea? La mayoría de las personas tiende a optar por la segunda alternativa. Sin embargo, según la Psicología Cognitiva esto no es así: son las creencias profundamente arraigadas en nosotros las que hacen que contemplemos la realidad de una forma u otra (más optimista, más pesimista, más derrotista, etc.), y eso es lo que hará que ante los acontecimientos que nos ocurran reaccionemos con unos sentimientos u otros.

- *Hacer conscientes los pensamientos por medio de autorregistros,* a lo largo de un tiempo establecido (unas tres semanas) cada vez que se sienta mal. Parece difícil, pero no lo es. Aunque ahora mismo no nos veamos capaces de decir exactamente qué pensamos en ciertas situaciones, con un poco de práctica llegaremos fácilmente a separar lo esencial del flujo de frases, palabras, ideas que nos van asaltando continuamente. Hay que tener en cuenta que no buscamos "ideas correctamente formuladas"; frecuentemente, un pensamiento automático es lo que muchos definirían por "sensación". Por ejemplo: "malestar porque me sentí ridícula" puede ser un pensamiento automático: la persona está interpretando, acertadamente o no, que está haciendo el ridículo y, seguramente, esto conlleva una serie de temores a lo que pensarán los demás, a cómo es la imagen que está dando, etcétera.

- *Analizar estos pensamientos para detectar a qué idea irracional corresponde cada uno de ellos.* Normalmente una persona suele tener afincadas dentro de sí 2-3 creencias irracionales, que luego salen en forma de los citados pensamientos automáticos. Observando varios de estos pensamientos automáticos se captan las principales ideas irracionales que posee la persona. Se analiza también en qué medida le están dañando, haciéndole sacar conclusiones erróneas y muchas veces dolorosas y, por último, se discute la lógica (o la falta de ella) que tienen esas creencias irracionales y en qué medida podrían ser sustituidas por otras, más adaptadas a la realidad.

  Esta fase es la más importante, la más larga y, normalmente, requiere de la ayuda de un terapeuta ya que, si bien es fácil que cualquier persona mínimamente inteligente capte la lógica o la falta de ella que subyace a sus pensamientos, es difícil que se lo llegue a "creer". Muchas veces las personas que inician un proceso de Reestructuración Cognitiva relatan que comprenden lo que se les dice "con la cabeza", pero no desde su interior.

- *Elegir pensamientos alternativos a los irracionales,* es decir, argumentos que se contrapongan a los que normalmente hacen daño a la persona y que sean lógicos y racionales. Aquí es donde hay que hallar, normalmente con ayuda de un terapeuta, aquellos argumentos racionales que sirvan a cada persona individualmente. A cada uno le convencerá un tipo de pensamiento alternativo y no sirve para nada repetirse argumentos muy generales y muy racionales que la persona no se está creyendo o que le suenan fríos y distantes. No vale, por ejemplo, decir simplemente lo contrario de lo que se está pensando: de "seguro que todos piensan que soy un idiota" no puede pasar a "seguro que todos me están admirando", porque no se lo creería en ningún caso. Tampoco vale el ser positivos porque sí, pasar de "esto es un asco, nunca levantaré cabeza" a "no tienes derecho a quejarte. La vida es bonita en sí, tienes mucha suerte en el fondo".

La cuestión no es que los pensamientos alternativos a los irracionales y dolorosos se conviertan en positivos, sino en *más realistas*. A veces habrá que reconocer que se ha actuado de forma errónea, pero intentando no sacar de quicio las consecuencias de esta mala acción y sin culpabilizarse gratuitamente.

Esta fase puede durar semanas, hay que ir probando argumentos, reflexionando sobre por qué algunos no han servido e ir puliendo poco a poco todos ellos hasta tener un "listado" más o menos amplio de argumentos convincentes y que pueda aplicar cuando se encuentre mal.

• Esta es la última fase de la Reestructuración Cognitiva y la más tediosa, ya que hay que *llevar a la práctica los argumentos racionales elegidos*. Esto implica necesariamente una insistencia, pues la persona está muy habituada a pensar de forma ilógica y los argumentos irracionales saltarán de forma automática sin que se dé casi cuenta. Debe insistirse una y otra vez con los argumentos racionales, al principio después de ocurrida la situación dolorosa, a modo de repaso de lo que se "podría haber" dicho y más adelante, cuando las ideas racionales ya estén más afincadas, en el momento mismo en que se produzcan.

En terapia se proporcionan técnicas que ayudan a la persona a afianzar sus nuevas ideas racionales, como son la imaginación, la visualización, etcétera.

Todo este proceso no es ninguna forma de "lavado de cerebro", como algunos clientes temen al principio, sino simplemente una transformación de las propias ideas en otras más racionales y realistas que no nos hagan daño.

Aplicación de la Reestructuración Cognitiva a problemas de asertividad

La Reestructuración Cognitiva es aplicable a múltiples disfunciones y problemas de la conducta y por ello hemos explicado su proceso de forma general. Para hacernos una idea sobre cómo se aplicaría esto en un problema de asertividad, veamos un ejemplo real y cómo se han seguido los cinco pasos descritos. Se trata de Elena, la persona con problemas de asertividad (su conducta era sumisa) que describíamos al principio del libro:

Concienciación de la importancia que tienen las creencias

Este paso se suele realizar en forma de exposición teórica, aportando esquemas y gráficos para facilitar a la persona la comprensión de lo que se le quiere transmitir. Como les ocurre a muchas personas, Elena tenía una duda: ¿esos "nuevos" esquemas que se supone que debo aprender no harán que cambie de personalidad, que ya no sea "yo"? La respuesta es clara: no. Los nuevos esquemas son simplemente una sustitución de los automensajes irracionales, pero continúan en la "misma línea". No se les cambia el contenido sino la forma de expresarlos. Por decirlo de otra forma, se les elimina la "broza" que hacía que estos automensajes dañaran a la persona.

Concienciación de los propios pensamientos

Como ya dijimos, esta fase se realiza mediante Autorregistros, que se comentan cada semana en terapia para ver cómo la persona va siendo paulatinamente más consciente de lo que pasa por su cabeza cada vez que se siente mal. La pregunta clave es: "¿me estoy sintiendo mal, triste, enfadada?". Si es así, habrá que rellenar el registro. Mostramos dos extractos de registros realizados por Elena en esta primera fase:

Situación	Conducta	Situación	Síntoma Físico
Reunión de directivos, yo tenía que tomar notas, hacer el acta, etc.	Intento hacerlo lo mejor posible, pero estoy todo el rato pendiente de si lo hago bien. Les miro constantemente de reojo.	Reunión de directivos, yo tenía que tomar notas, hacer el acta, etc.	Dolor de cabeza creciente. Temblor en la mano.
Al llegar a casa del trabajo. Estoy agotada y mi madre me pide a gritos que le traslade una estantería de un sitio a otro.	Hago lo que me dicen sin que se me note lo que estoy pensando.	Al llegar a casa del trabajo. Estoy agotada y mi madre me pide a gritos que le traslade una estantería de un sitio a otro.	En el momento, nada. Después, en mi cuarto, gran llorera, desesperación.

Identificación de la Ideas Irracionales que subyacen a los automensajes y análisis de su "lógica" o de la falta de ella

Estando Elena ya familiarizada con las diez "Ideas Irracionales" de Ellis, se le propuso una serie de autorregistros en los que ella misma tenía que identificar la Idea Irracional que subyacía a cada pensamiento que tenía. Elena intentó realizar este análisis lo más cerca posible del momento en el que se producía su malestar, para así ir acostumbrándose a analizar sus pensamientos en el momento en el que se producían. Tras varios registros de este tipo: se llegó a la conclusión que Elena tenía dos Ideas Irracionales fuertemente arraigadas (consultar la lista de Ideas Irracionales expuesta en el capítulo 3): la nº 4 ("Es horrible que las cosas no salgan como a uno le gustaría") y la nº 6 ("Si algo es o puede ser peligroso o amenazante, hay que preocuparse mucho al respecto y recrearse constantemente en la posibilidad de que ocurra"). Se analizaron todos los registros apuntados hasta el momento desde este nuevo punto de vista: ¿cómo están repercutiendo mis Ideas Irracionales en los automensajes y pensamientos que voy teniendo y que me producen malestar? También se analizó la lógica o el realismo que tenían sus pensamientos. Por ejemplo: "el que me diga a mí misma que esto nunca se solucionará, ¿es realista? ¿Cómo sé yo que 'nunca' se solucionará? El pensar eso, cuando en verdad no lo sé, ¿me está sirviendo de algo o solo me hace sentirme peor y frenarme en la búsqueda de alternativas?".

SITUACIÓN	PENSAMIENTO	IDEA IRRACIONAL
Mis hermanos se enfrentan con dureza a mi madre. Yo intento mediar, sin ningún éxito.	No debo de estar haciéndolo bien, porque no voy a ninguna parte. Soy así desde siempre y nada me va a hacer cambiar, ni la terapia ni nada.	"Si algo es o puede ser peligroso..." (Idea nº 6) y "Un suceso pasado..." (Idea nº 9).

También apuntó y analizó en registros estas cuestiones de la "lógica" o racionalidad que podían tener sus pensamientos. Lo importante era que, después de haberlo hecho varias veces en terapia, Elena lo hiciera por sí sola, sin ayuda externa:

Situación	Pensamiento	¿Es irracional?	Tipo de pensamiento
En una "copa" ofrecida por el Gerente (Navidad)	Nunca voy a poder hablar en público. Me pongo demasiado nerviosa. Voy a meter la pata y dirán que soy una inculta.	Es irracional, porque este tipo de gente no se para a analizar si lo que digo está bien o mal. Además, no sé si realmente "nunca" cambiaré.	"Es necesario ser querido..." (n° 1) "Si algo es o puede ser peligroso..." (Idea n° 6).

Elección de pensamientos alternativos a los irracionales

Como decíamos, aunque esta fase parece la más difícil, es en realidad bastante fácil de superar. Solamente hay que elaborar pensamientos alternativos siguiendo unos patrones de "racionalidad" y elegir los que más sirvan a cada persona. En esta fase no se pretende que los pensamientos alternativos se elaboren lo más seguido posible a los pensamientos espontáneos, sino que se pueden y deben idear en calma, en casa. Esta es una fase de búsqueda de pensamientos válidos para la persona, no de aprendizaje y habituación a ellos. Así, en el caso de Elena, en una situación de reunión con las demás secretarias de su empresa y pensando en un primer momento: "Nunca podré expresar en público lo que opino. ¿Por qué todo lo que intento decir me tiene que salir de forma rara y rígida?", elaboró los siguientes pensamientos alternativos:

"Me esfuerzo, pero aún no consigo los resultados que me gustarían. He conseguido superar la tensión en pequeñas situaciones, pero tengo que seguir trabajando las situaciones más difíciles".

Estos pensamientos suenan muy racionales y lógicos, pero cualquier terapeuta con experiencia se daría cuenta de que no son auténticos. Son, por así decirlo, excesivamente "de libro". Cuando se le dijo esto a Elena, reconoció que, efectivamente, lo había escrito para "quedar bien" y demostrar que sabía hacer las tareas, pero que estos automensajes no la convencían en absoluto. Tras repetírsele de nuevo que los pensamientos alternativos no tienen que ser "bonitos", sino eficaces para cada persona en particular, Elena elaboró para la misma situación anterior estos automensajes, que sí le convencían más:

"Esta vez no he podido decir lo que pensaba, pero últimamente lo había conseguido algunas veces. No tiene sentido sentirme culpable por no hacer las cosas bien. Además, los demás no se dedican a analizar lo que yo digo".

Esta fase es algo pesada, ya que se trata de rellenar registros y más registros[1] analizando los pensamientos que causan malestar y elaborando pensamientos alternativos que luego se dividen en "eficaces" e "ineficaces". Al cabo de un tiempo, la persona se va dando cuenta de cuál es el "tonillo" que más le convence o qué tipo de automensajes racionales le tranquiliza más. Elena, por ejemplo, se sentía mejor si evocaba situacio-

---

1. En terapia cognitivo-conductual se emplean mucho los Autorregistros como instrumento de información y trabajo. Es por ello que aparecen en todas las fases de Reestructuración Cognitiva.

nes en las que sí había actuado correctamente, en contraste con la situación dolorosa que acababa de pasar. También le ayudaba analizar si lo que estaba temiendo era objetivo y realista, o si era más bien fruto de sus temores. Por ejemplo, este tipo de pensamiento resultó ser eficaz: ante la situación "Ha venido mi vecina a casa a reclamar por una inundación, y yo no he sido capaz de decir nada. Me ha dado miedo por si me salía *raro*", la tendencia primera de Elena era pensar "Soy una cobarde. Jamás seré capaz de enfrentarme a situaciones como esta. Seguro que ya me ha clasificado como la *rara* de la casa". El pensamiento alternativo, que elaboró posteriormente tras meditarlo con calma, fue: "Por un lado, la vecina, en el fondo, no me importa tanto. Tampoco nos conocemos tanto como para que ya me haya etiquetado, todavía tengo posibilidades de cambiar mi imagen. La próxima vez, prepararé bien la actitud a tomar e intentaré relajarme más".

Aplicación de los pensamientos alternativos elegidos en la vida cotidiana

Tras muchos autorregistros, se pretendía que Elena ya no tuviera que meditar y elaborar lentamente sus pensamientos alternativos, sino que los automatizara y pudiera decírselos los más cercanamente posible a la aparición de los mensajes dañinos e irracionales. Por ello, los autorregistros que tuvo que rellenar en esta fase ya no incluían el contenido de sus pensamientos, sino solo sus resultados:

SITUACIÓN	ASPECTOS SATISFACTORIOS DE LA EJECUCIÓN	ASPECTOS DE LA EJECUCIÓN QUE NECESITAN MEJORARSE	EVALUACIÓN GLOBAL BUENA-REGULAR-POBRE
En casa, con tíos y primos. (Cumpleaños)	He hablado con todos. Me he acercado a varios grupos y luego he hablado con personas sueltas.	Me ha costado arrancar, porque constantemente pensaba que iba a meter la pata.	Regular
He hablado con otros compañeros. (Café)	He dicho frases cortas de vez en cuando y he apoyado distintas opiniones con monosíla-bos y gestos afirmativos.	A veces me descubría demasiado pendiente de las miradas y me ha dado mucha rabia.	Buena

Como habréis podido adivinar a raíz de este último registro, a Elena se le enseñaron simultáneamente a la Reestructuración Cognitiva, habilidades sociales muy concretas para mejorar su conducta asertiva. Sin estas habría sido difícil que Elena hubiera mejorado pues, como todo el mundo, necesitaba ver algún éxito propio para poder elaborar pensamientos alentadores.

A continuación, aun insistiendo en que es cada persona la que tiene que encontrar sus propias ideas alternativas, presentamos como sugerencia unos cuantos pensamientos racionales que pueden ser alternativa a las ideas irracionales que aparecen con mayor frecuencia en los problemas de asertividad:

Alternativas racionales a pensamientos de sumisión y agresividad

Problemas de sumisión

Las ideas Irracionales más frecuentes son la número 1 y la 2.

Idea Irracional n° 1: Es necesario obtener la aprobación y el cariño de todas las personas relevantes para mí.

Comportamientos típicos:

• No expresar opiniones y deseos personales

• Evitar conflictos aunque otras personas violen sus derechos

• Gastar mucha energía para lograr la aprobación de otros

• Refrenar sentimientos (positivos y/o negativos).

Alternativas racionales:

• No puedo gustar a todo el mundo. Igual que a mí me gustan unas personas más que otras, así también les ocurre a los demás respecto a mí

• En el caso de que alguna persona que me importa no apruebe algo de mi comportamiento, puedo decidir si lo quiero cambiar, en vez de estar lamentándome de mi mala suerte

• Intentando gustar a todo el mundo no hago más que gastar excesiva energía y no siempre obtengo el resultado deseado. Puedo determinar lo que yo quiero hacer, más que adaptarme o reaccionar a lo que pienso que las otras personas quieren

• Tengo que determinar si el rechazo es real o si estoy interpretando precipitadamente reacciones de los demás; y si este rechazo fuera real, debo ver si se basa en una conducta inapropiada por mi parte o no. En el caso de que no fuera inapropiada, puedo encontrar a otras personas con las que sí pueda exhibir esta conducta.

Idea Irracional nº 2: Hay que ser totalmente competente en todo lo que se emprenda y no permitirse el más mínimo error (esta idea no la habíamos citado hasta ahora como ligada a la falta de asertividad, pero hemos apreciado que normalmente las personas sumisas suelen tenerla también fuertemente arraigada. También se podría resumir como "perfeccionismo").

Comportamientos típicos:

• Excesiva ansiedad en las situaciones en las que se debe "dar la talla"

• Evitar las interacciones sociales por miedo a no tener nada interesante o digno de decir

• Evitar la práctica de actividades sociales placenteras por miedo al fracaso

• Conducta callada, aparentemente pasiva, cerrada, por preferir esta a "meter la pata".

Alternativas racionales:

• Me gustaría ser perfecto para esta situación, pero no necesito serlo

• Mi valía personal no tiene nada que ver con el resultado de mis conductas. No por hacer algo mejor o peor soy más o menos persona

• Intentando hacer las cosas perfectamente nunca llegaré a ser feliz y me sentiré siempre presionado. Intentaré sustituir el hacer las cosas "perfectamente" por "adecuadamente"

- No hay nadie que sea perfecto ni competente en todo. ¿Por qué me exijo un imposible?

Problemas de agresividad

Las Ideas Irracionales más frecuentes son la número 3 y la 4.

Idea Irracional nº 3: Hay personas malvadas y viles que deben ser seriamente castigadas por sus villanías

Comportamientos típicos:

- Actuar agresivamente con otras personas, de forma abierta: críticas por la incompetencia, maldad o falta de sensibilidad de los otros
- Cuestionar casi siempre los motivos que tienen los demás para obrar como obran
- Clasificar a los demás en "buenos" y "malos"
- Tratar a los demás como individuos sin valor, que merecen ser condenados porque han cometido errores imperdonables.

Alternativas racionales:

- Puede que me sienta herido o irritado por algo que me hayan hecho, pero eso no significa que esa persona sea mala
- Cuando castigo a alguien gasto mucha energía en balde, sobre todo porque rara vez mi castigo induce a la persona a cambiar
- El hecho de que una persona haya actuado de forma injusta, equivocada, etc. no significa que siempre sea así, ni que tenga una personalidad mala. No debo confundir "hacer" con "ser"

- No porque piense que algo está mal quiere decir que realmente esté mal. Una cosa son mis pensamientos y otra la realidad.

Idea Irracional n° 4: Es horrible que las cosas no salgan como a mí me gustaría que saliesen

Comportamientos típicos:

- Grandes enfados ante cosas nimias
- Lamentaciones o continuas constantes quejas sobre los demás
- Actitud intolerante hacia lo que ocurre, sobre todo ante los cambios
- Hablar con amargura acerca de la vida, las personas, la suerte...

Alternativas racionales:

- Esto no me ha salido bien, pero no es una catástrofe. Puedo sobrevivir a ello
- Si esta situación no me gusta, voy a intentar pensar cómo cambiarla en vez de estallar en agresiones que no me llevan a ninguna parte
- Comportándome de forma agresiva solo gasto excesiva energía, que finalmente se volverá en mi contra, más que en contra de las circunstancias que ataco
- Si no se puede cambiar la situación, debo pensar que siendo agresivo tampoco voy a cambiarla. Ser agresivo me puede proporcionar un alivio a corto plazo, pero a la larga, es mejor que acepte las circunstancias tal y como son.

Los automensajes

Una forma muy habitual de aplicar la Reestructuración Cognitiva a la práctica de la asertividad es transformando las ideas racionales aprendidas en los llamados automensajes. Esta técnica sigue las pautas de Meichenbaum, inventor de un excelente método para combatir las dificultades llamado "Inoculación del estrés", del que la técnica de los automensajes es solo una pequeña parte.

Como decíamos antes, estamos constantemente pensando, sacando conclusiones, adaptando esquemas mentales a la situación concreta, en un caudal de pensamientos que solo si hacemos un esfuerzo consciente podemos parar y analizar. Pues bien, en una situación cualquiera, ya sea entrar en un bar y pedir una copa, solicitar una revisión del sueldo o salir con la pareja a cenar (por poner situaciones "asertivas"), se pueden delimitar cuatro fases en las que los pensamientos que tengamos cobran especial importancia:

- *Antes de comenzar* la situación, cuando todavía no hemos entrado en ella pero ya estamos preparándonos mentalmente para afrontarla (tanto si nos cuesta hacerlo como si no, nos conviene siempre una pequeña "preparación" mental). Por ejemplo: antes de salir de casa hacia una reunión

- *Al comenzar* la situación, es decir, nada más entrar en el bar, o después de entrar en el despacho del director o al dar los primeros pasos tras saludar a la pareja. Es cuando todos los estímulos, los temidos, los ansiados y los neutros se "nos vienen encima" recordándonos situaciones parecidas, hayan sido exitosas o un fracaso

• *En un momento tenso*. Esto no siempre tiene que ocurrir: puede que la situación transcurra con toda calma y normalidad. Pero si existe este momento será muy importante para la persona que lo está viviendo, pues le condicionará los momentos posteriores. En esta fase es cuando se disparan las respuestas de ansiedad, cuando surgen las más profundas convicciones irracionales y, seguramente, también se distorsionan las conductas habituales

• *Después de acabada* la situación, cuando, igual que al principio, independientemente de que hayamos estado tensos o tranquilos, extraemos nuestras conclusiones sobre lo ocurrido.

Lo que nos digamos (o las "sensaciones" que tengamos) en cada uno de estos cuatro momentos determinará de forma absoluta nuestra conducta y nuestros sentimientos de esa situación y de las siguientes. Los cuatro son igual de importantes y no se puede decir que haya alguno de ellos que marque menos que los otros, con la salvedad de que el momento tercero ("El momento tenso") no siempre tiene por qué darse.

¿Por qué son tan importantes estos cuatro momentos?

Lo que nos decimos *antes* suele ser una mezcla de lo que vivimos en experiencias anteriores o en situaciones similares, una evaluación de nuestros recursos para afrontar la nueva situación y conjeturas sobre los que creemos que nos espera y que determinará la facilidad o dificultad de la situación para nosotros. De estos pensamientos anteriores dependerá casi en el 75% el ánimo con el que afrontemos la situación y, seguramente, nuestra conducta. Si nos tememos lo peor, nos decimos que no somos capaces de salir airosos o estamos excesivamente pendientes de personas o elementos que nos dan inseguridad, afrontaremos hacia la situación como si fuéramos al matadero y esto se reflejará también en nuestra actitud y conducta.

Lo que nos decimos *al comenzar* la situación es igualmente importante. En ese momento es cuando buscamos elementos que confirmen o contradigan lo que pensábamos antes de entrar en ella. Si la persona temerosa ve (¡o cree ver!) confirmados sus temores observando, por ejemplo, que alguien a quien teme está presente o que su pareja llega con mala cara, comenzará a experimentar una cadena de pensamientos, en su mayoría irracionales y por lo tanto perniciosos, que muy probablemente desembocarán en un momento de tensión y malestar. Resumiendo, de la evaluación que se realice al comenzar la situación dependerán la conducta y actitudes posteriores.

Cuando se da el *momento tenso* los pensamientos suelen aparecer de forma disparada y la ansiedad ocupa toda la atención de la persona. Este momento es importante no solo por el lógico malestar que produce, sino también porque influirá mucho en las actuaciones posteriores, tanto en la situación presente como en otras posteriores. Más importante que la tensión que se sienta es la sensación experimentada. De nuevo la evaluación que se haga de este momento y de su capacidad de dominarlo es lo que determinará los momentos siguientes.

Y, finalmente, lo que nos digamos *después* de la situación marcará las experiencias siguientes de forma contundente. Se puede decir que el "después" de una situación es el "antes" de la siguiente. Si después de una interacción concluimos que una vez más hemos fracasado, que no tenemos remedio y analizamos hasta el más mínimo detalle para sacar conclusiones casi siempre negativas, afrontaremos las situaciones similares (y hasta las diferentes) con sensación de fracaso e inseguridad, lo que de nuevo determinará nuestra conducta y sentimientos para próximas situaciones.

Al realizar una Reestructuración Cognitiva y aplicarla al campo de la asertividad, se analizan, mediante autorregistros, los automensajes repetidos en estos cuatro momentos. Una vez entresacados los principales automensajes se busca la irracionalidad que hay en ellos y se analiza de qué forma influyen en la conducta y los recursos de cada persona. Después se sustituyen por otro tipo de mensajes, más racionales y realistas, que tranquilicen y alienten a aplicar los recursos que se tienen para afrontar airosamente cada situación. Estos mensajes, no más de 4-5 para cada uno de los cuatro momentos, deberán ser aprendidos casi de memoria e introducidos (pensados) al principio de forma forzada y artificial para, posteriormente, a base de repetirlos, convertirse en automáticos y habituales. También los pensamientos negativos fueron instaurados de esta forma, repitiéndolos una y otra vez, por lo que nada nos dice que no se puedan sustituir por otros más tranquilizadores. Pero, para ello, la persona tiene que estar convencida y "creérselos", al menos, en la teoría. Para facilitar las cosas existen unas pautas generales sobre qué tipo de contenidos deberían tener los pensamientos en cada uno de los cuatro momentos. A partir de estas pautas, cada persona tiene que encontrar los automensajes que mejor le vengan. Estas pautas son las siguientes:

Automensajes "antes":

- Mensajes que combatan el pensamiento temeroso ("Al pensar esto me estoy causando malestar. Es mi pensamiento el que me hace sentir mal")

- Mensajes que centren a la persona en lo que tiene que hacer y le alejen de cualquier otro pensamiento ("Vamos a ver: ¿a qué me tengo que enfrentar exactamente? ¿Cómo voy a hacerlo esta vez concreta?")

- Mensajes que recuerden la decisión de afrontamiento ("Sé que puedo afrontarlo. Tengo recursos para ello. Solo es mi pensamiento el que me paraliza").

Automensajes "al comenzar":

- Mensajes que recuerden las estrategias de afrontamiento ("Ahora es el momento de aplicar lo que sé: voy a relajarme, a decirme cosas tranquilizadoras...")

- Mensajes que hagan que la persona se centre en lo que está haciendo en ese momento ("No voy a irme a otras situaciones. Me voy a fijar solo en lo que estoy haciendo ahora mismo")

- Mensajes que refuercen la propia capacidad de afrontamiento ("Otras veces lo he superado. ¿Por qué esta vez no voy a hacerlo?").

Automensajes "en un momento tenso":

- Mensajes que insten a soportar la situación hasta que haya pasado ("Ahora estoy mal, pero puedo recuperarme")

- Mensajes que frenen los pensamientos derrotistas ("Voy a observarme fríamente, como desde fuera. No me voy a dejar llevar por mis pensamientos")

- Mensajes de afrontamiento ("¿Qué tengo que hacer? Puedo relajarme y respirar, responder o comportarme de tal forma...").

Automensajes "después":

- Mensajes que evalúen el intento de forma positiva, ya haya sido un éxito o un fracaso ("Bueno, lo he intentado y eso ya es algo. ¿Qué puedo aprender para la próxima vez?")

- Mensajes que valoren cada pequeño paso que se haya dado ("He avanzado algo respecto a otras veces. He dado estos pasos:...")

- Mensajes que eliminen cualquier reproche ("Si me regaño o culpabilizo, solo me condiciono para que la próxima vez esté más inseguro. Autorreprocharme no me sirve de nada").

A modo de ejemplo, veamos los automensajes que se puede enviar, en cada uno de los cuatro momentos, una persona no asertiva y con qué otros automensajes transformados puede combatirlos. Lo veremos con el ejemplo de Elena, la persona sumisa que describíamos al principio:

Elena iba a quedar con unas antiguas compañeras de estudios, a las que hacía mucho tiempo que no veía, para ir al cine y tomar algo.

Antes de enfrentarse a la situación, cuando todavía estaba en casa reflexionando sobre la tarde que le esperaba, se decía a sí misma:

Van a estar todas hablando y no voy a saber cuándo meterme en la conversación. Si ya sé que no sirvo para estas cosas, ¿por qué voy? Además, si está Puri, me muero; con lo cortante que es. No diré ni palabra. ¿A mí quién me manda ir con éstas al cine? Estaría más tranquila en casa.

Al ser preguntada sobre el efecto que causaban estas frases en su estado de ánimo, contestó: "me producen ansiedad:

se me pone mal el estómago nada más pensar en ello. Ya voy con miedo y me siento paralizada nada más comenzar la conversación. Como todo el rato voy pensando lo mismo, soy incapaz de decir nada más".

Al comenzar la situación, al encontrarse con las compañeras e iniciar las salutaciones mientras esperaban a que llegaran todas, Elena, según su propio relato, observaba la situación y siempre encontraba algo que le daba miedo. Se decía algo parecido a:

Efectivamente, está Puri. ¿Y ahora qué hago?" o "Como me temía, ya están todas en grupo, ¿cómo me meto?", y continuaba: "Dios mío, ¿y ahora con quién hablo? Voy a estar como una idiota, toda la tarde sin decir ni mu, qué vergüenza.

El efecto que estos pensamientos causaban en ella está muy claro: "Me bloquean y paralizan. Cuando alguien se acerca a mí, estoy completamente en blanco".

En un momento tenso, que podía ser por ejemplo cuando alguien le preguntaba algo y todas se giraban hacia ella esperando la respuesta, Elena solía quedarse completamente en blanco y bloqueada, sin llegar siquiera a pensar nada, o pensaba lo siguiente:

Vamos, venga, di algo, tienes que decir algo. ¿Pero qué me ha preguntado? ¡Tengo que decir algo! Me están mirando, se están dando cuenta de que soy rara. Yo me voy de aquí.

Y, finalmente, *después de la situación*, ya en casa, pensando sobre lo ocurrido por la tarde, Elena se decía:

Sabía que iba a pasar esto, lo sabía, siempre me pasa igual. He hecho un ridículo espantoso, he vuelto a hacer el idiota, no tengo remedio. La próxima vez no voy, eso está claro, me invento una excusa y no voy.

También aquí está claro el efecto que tales pensamientos causaban en Elena: "logran su propósito claramente: cada vez evito más este tipo de situaciones y me siento horriblemente fracasada y frustrada respecto a mis relaciones sociales".

¿Qué se podía decir Elena en vez de todas esas frases paralizadoras?

En primer lugar, tuvo que ser consciente de que se estaba diciendo tales afirmaciones y del daño que le estaban haciendo. Seguidamente se le presentó la lista de pensamientos alternativos estándar para que, inspirándose en ellos, elaborara sus propios pensamientos alternativos, que a ella y solo a ella le convencieran. Analizando sus pensamientos negativos habíamos llegado a la conclusión de que los autorreproches le bloqueaban todavía más, por lo tanto los pensamientos alternativos debían tener un tono cariñoso y conciliador consigo misma. Así los apuntó ella misma:

Pensamientos alternativos "antes de":

- Es tu pensamiento el que te juega malas pasadas. Pensando que te vas a bloquear, efectivamente lo harás

- En vez de pensar en lo terrible que puede ser, voy a pensar los pasos que tengo que dar desde que me acerco a ellas hasta el final...

- Si pienso que no tengo por qué hablar y que dispongo de otros recursos, no puedo ponerme mal.

Pensamientos alternativos "en un primer momento":

- En vez de observar qué es lo que me da miedo, observaré dónde hay una persona o grupo con la que me sienta algo más segura

- Voy a centrarme solo en este momento y no pensar nada más: me relajo, respiro hondo, escucho las conversaciones, sonrío...
- Otras veces me ha funcionado. Esta vez también me puede funcionar.

Pensamientos alternativos "en un momento tenso":

- Esto pasará. Me relajaré, respiraré hondo y esperaré a que pase
- No me voy a ir. No pasa nada por tener un momento malo
- Ya sabía que podía pasar esto y estoy preparada. Diré la excusa que tenía pensada ("perdona, hoy estoy un poco ida") y me dedicaré a escuchar lo que dicen los demás hasta que me sienta más tranquila.

Pensamientos alternativos "después":

- Los autorreproches no me sirven de nada. No voy a repasar la situación para encontrar lo que he hecho mal
- Puedo aprender de los fracasos: ¿qué me han enseñado para cuando me encuentre en una situación parecida?
- He avanzado un poco respecto a otras veces. Estos son los pasos que he dado esta vez:...

Como vemos en este ejemplo, los automensajes no se quedan en simples declaraciones de intenciones, sino que van siempre acompañados de estrategias concretas para afrontar cada situación. Si se quedaran solo en el pensamiento no servirían de mucho. Así, por ejemplo, "en un primer momento", los automensajes invitan a respirar, a relajarse y a desarrollar una serie de estrategias *personalizadas* (que sirvan a cada persona en concreto) para salir airoso de la situación: sonreír, escuchar, saludar, etc. Los pensamientos "en un momento tenso" invitan a desarrollar estrategias como decir una frase-comodín que se tenga preparada y que contribuya a dar un cariz de "normalidad" al posible bloqueo ("perdona, es que hoy estoy un poco ida").

☺ **Piensa ahora en una situación de interacción que, repetidamente, te cause malestar e inseguridad y rellena el siguiente cuestionario:**

Ejemplos de automensajes negativos y positivos

Antes de enfrentarte a una situación temida, cuando te preparas mentalmente para lo que pueda ocurrir, te dices:

. . . .

¿Qué efecto crees que causan en ti (en tus temores y conducta) estas frases?

Deberías decirte mensajes que:

• Combatieran el pensamiento temeroso

• Te centraran en lo que vas a hacer y nada más

• Te recordaran la decisión de afrontamiento.

Ejemplos:

"Pensar esto me genera angustia. Es mi pensamiento el que me hace sentir mal".

"Vamos a ver: ¿a qué me tengo que enfrentar exactamente? ¿cómo voy a hacerlo esta vez concreta?".

"Sé que puedo afrontarlo. Tengo recursos para ello. Solo es mi pensamiento el que me paraliza".

Tus mensajes:

. . . .

Al comenzar la situación temida, cuando corres el peligro de interpretar tus reacciones de estrés, te dices:

. . . .

y te sientes:

. . . .

¿Qué efecto crees que causan en ti (en tus temores y conducta) estas frases?

Deberías decirte mensajes que:

- Te recordaran estrategias de afrontamiento
- Te centraran en lo que estás haciendo en ese momento
- Te reforzaran tu capacidad de enfrentarte a la situación.

Ejemplos:

"Ahora es el momento de aplicar lo que sé: voy a relajarme, luego me diré automensajes tranquilizadores, etc.".

"No debo generalizar a otras situaciones. Me voy a centrar en lo que está ocurriendo ahora mismo".

"Otras veces lo he superado. ¿Por qué no voy a hacerlo esta vez?".

Tus mensajes:

. . . .

En un momento tenso, cuando te encuentras desesperado y temes lo peor, te dices:

. . . .

y te sientes:

. . . .

¿Qué efecto crees que causan en ti (en tus temores y conducta) estas frases?

Deberías decirte mensajes que:

- Te instaran a aguantar la situación hasta que pase, sin huir de ella
- Te centraran en el momento presente
- Te prepararan para el afrontamiento.

Ejemplos:

"Sé que esta situación pasa. Esperaré hasta que me haya tranquilizado".

"Voy a observar mis reacciones como si estuviera fuera de mí. No me voy a dejar llevar por mis pensamientos".

"¿Qué tengo que hacer? Puedo relajarme, respirar, responder o comportarme de tal forma, etc.".

Tus mensajes:

. . . .

Después de la situación, cuando sacas conclusiones sobre lo ocurrido, te dices:

. . . .

y te sientes:

. . . .

¿Qué efecto crees que causan en ti (en tus temores y conducta) estas frases?

Deberías decirte mensajes que:

- Te hicieran evaluar el intento de forma constructiva (ya haya sido un éxito o un fracaso)

- Te hicieran valorar cada pequeño paso que hayas dado
- Eliminaran cualquier autorreproche.

Ejemplos:

"Bueno, lo he intentado y eso ya es algo. ¿Qué puedo aprender para la próxima vez?".

"He avanzado algo respecto a la última vez. He dado estos pasos: ...".

"Si me regaño o culpabilizo, solo me condiciono para que la próxima vez esté más inseguro. Autorreprocharme no me sirve de nada".

Tus mensajes:

. . . .

Entrenamiento en habilidades sociales

Este tipo de entrenamiento está enfocado a desarrollar exclusivamente los déficits conductuales del sujeto, todo lo referido al comportamiento externo que exhiba la persona con problemas de asertividad. Rara vez se requerirá solo este tipo de entrenamiento. La mayoría de las veces, por no decir todas, hay que realizar primeramente una intervención en el terreno cognitivo, para pasar luego a enseñar estas habilidades conductuales. Pero también es cierto que, casi siempre, la persona que muestra unos pensamientos racionalmente erróneos se comporta de forma inadecuada, ya sea "pecando" por exceso o por defecto en su respuesta asertiva.

Lo primero que debe saber una persona que quiera entrenarse en habilidades asertivas adecuadas es qué conductas concretas puede exhibir. Hay listados de "trucos" asertivos que se pueden utilizar para diversas situaciones de aprieto, compromiso, aclaración de dudas o malentendidos, etc. Dependerá del tipo de situación en el que la persona tenga mayores dificultades el que se entrene un tipo u otro de conducta. Conviene, en cualquier caso, tener conocimiento de lo común de las respuestas asertivas para hacerse una idea de sobre qué versan estos tipos de conducta. Veamos entonces, en líneas muy generales, las formas básicas de comportamiento asertivo que existen:

Tipos de respuesta asertiva

Respuesta asertiva elemental

Expresión llana y simple de los propios intereses y derechos.

Las típicas situaciones en las que es necesario utilizar esta forma básica de respuesta asertiva son interrupciones, descalificaciones, desvalorizaciones, etc. Siempre que nos sintamos "pisados" por otros y a la mínima que creamos que no se nos respeta, debemos expresar nuestros derechos sin dejar pasar la situación.

Cada persona deberá encontrar el tipo de frases con las que se sienta más cómoda para expresar que no tolera ser pasado por alto y que tiene unos derechos. Lo importante es que lo que se diga se haga en un tono de voz firme y claro, pero no agresivo.

Típicos ejemplos de respuesta elemental serían: "No he terminado de hablar y quisiera hacerlo"; "por favor, no insistas, te he dicho que no puedo"; "¿me permites hablar un momento? No lo he hecho hasta ahora"; "no me grites, yo tampoco lo estoy haciendo", etcétera.

Mención especial merece el hecho de que con mucha frecuencia habrá que realizar una elevación gradual de la firmeza de la respuesta asertiva.

Cuando la otra persona no se da por aludida ante nuestras nuestras de asertividad e intenta una y otra vez ignorarnos a nosotros y nuestros derechos, se hace necesario no achantarnos ni ceder terreno "por no insistir", y aumentar escalonadamente y con paciencia la firmeza de nuestra respuesta inicial sin caer por ello en una respuesta agresiva.

Por ejemplo: "Por favor, no me interrumpas"; "Te pedí antes que no me interrumpieras. Me gustaría terminar lo que quería decir"; "Mira, ¿podrías no interrumpirme? ¡No puedo hablar!"; "Vamos a ver ¿puedo terminar de hablar o no me vas a dejar?", etcétera.

En este punto conviene aclarar una duda que mucha gente se plantea: ¿qué ocurre si nos encontramos con una persona que, por muy asertivo que uno sea, no responde a nuestros intentos de asertividad y nos pisa constantemente o es agresivo? La respuesta es muy clara: nosotros solo podemos influir en la conducta de los demás hasta un cierto límite. Más allá de ese límite, el problema ya no es nuestro, sino del otro. Si un loco me ataca con un cuchillo por la calle, ya podré ser la persona más equilibrada del mundo que no podré evitar el ataque. Igual ocurre con la asertividad: por muy asertiva que sea una persona, si su interlocutor no le deja serlo, de poco le valdrán las técnicas que aplique. Lo que le tiene que quedar es la conciencia tranquila de haber obrado correctamente por su parte. El resto de la responsabilidad recaerá sobre la otra persona.

Asertividad empática

Planteamiento inicial que transmite el reconocimiento hacia la otra persona y un planteamiento posterior sobre nuestros derechos e intereses.

Este tipo de respuesta se suele utilizar cuando, por la razón que sea, nos interesa especialmente que la otra persona no se sienta herida, pero tampoco nosotros queremos ser pasados por alto. Es una buena forma de comenzar a ejercer la asertividad, porque lo que hacemos es ponernos primero en el lugar del otro, "comprendiéndole" a él y sus razones para, después, reivindicar que nosotros también tenemos derechos.

La respuesta sigue el esquema: "Entiendo que tú hagas..., y tienes derecho a ello, pero...".

Ejemplos serían: "entiendo que andes mal de tiempo y no me puedas devolver mis apuntes, pero es que los necesito urgentemente para mañana"; "comprendo perfectamente tus motivos, y desde tu punto de vista tienes razón, pero ponte en mi piel e intenta entenderme"; "entiendo que ahora no quieras acompañarme a la fiesta y por lo que me dices tienes derecho a ello, pero yo ya lo tenía todo preparado para ir", etcétera.

Asertividad subjetiva o mensajes-yo

1. Descripción, sin condenar, del comportamiento del otro
2. Descripción de los propios sentimientos
3. Descripción objetiva del efecto del comportamiento del otro
4. Expresión de lo que se quiere del otro

Este tipo de respuesta se utiliza en los casos en los que tenemos claro que el otro no ha querido agredirnos conscientemente. Es un tipo de respuesta muy hábil ya que, bien aplicada, la persona a quien se la demos no podrá decir nunca que la hemos agredido. Es mucho más efectivo exponer cómo algo que hace otra persona nos afecta, que atacarle y echarle la culpa de lo que nos hace. Esta forma de respuesta asertiva se presta a ser aplicada en situaciones de pareja, ante contrariedades por parte de algún amigo, etc. Se utiliza, sobre todo, para aclarar situaciones que se vienen repitiendo desde hace un tiempo.

El esquema de respuesta sería:

1. "Cuando tú haces..."

2. "Entonces, yo me siento..."

3. "Por eso, me comporto..."

4. "Preferiría...".

Asertividad positiva

Expresión adecuada de lo bueno y valioso que se ve en las otras personas.

Es tal vez la conducta asertiva más fácil de realizar, ya que el sujeto no se tiene que implicar directamente ni debe defenderse ante algo. La iniciativa parte del sujeto, no es una respuesta a algo que emita otra persona, con lo cual no se presta a tener que improvisar.

La asertividad positiva consiste simplemente en expresar, con frases adecuadas y en el momento preciso, algo positivo de otra persona. Esto abarca desde "te sienta bien tu nuevo peinado" hasta "me gustó mucho lo que dijiste el otro día".

Frecuentemente nos olvidamos de expresar halagos y elogios a las demás personas, porque damos por hecho que lo positivo es lo normal. Sin embargo, a la hora de criticar, ya sea interna (autocrítica) o externamente, no ahorramos palabras. Pero, como recalca J. V. Bonet: "No tenemos derecho a criticar si no estamos dispuestos a elogiar". Por medio del aprendizaje de la asertividad podemos ser más conscientes de este déficit y modificarlo.

Respuesta asertiva frente a la sumisión o la agresividad

1. Hacer ver a la otra persona cómo se está comportando
2. Mostrarle cómo podría comportarse asertivamente.

Esta respuesta se utiliza, sobre todo, como defensa ante ataques agresivos, pero también se puede aplicar para aclarar dudas ante una persona que no es asertiva.

Consiste en salirnos del contenido de lo que estamos hablando y reflejar a la otra persona cómo se está comportando y cómo su conducta está frenando una comunicación asertiva. Algunos ejemplos podrían ser: "Veo que estás enfadado y no me escuchas. ¿Por qué no te paras un momento y oyes lo que te quiero decir?"; "Así no estamos llegando a ninguna parte. Yo creo que deberíamos hacer turnos para hablar, pero sin atacarnos"; "Como no me dices nada, me siento un poco confundida. ¿No podrías aclararme un poco lo que quieres decir?", etcétera.

Veamos un ejemplo de respuestas asertivas típicas. De nuevo lo haremos con Elena, la persona sumisa que tenía problemas de falta de asertividad debido a la influencia de una madre dominante. Elena aplicó, en la fase de entrenamiento, una serie de técnicas de asertividad ante los ataques de su madre. Lo que sigue es un ejemplo condensado de las muchas conversaciones que ella relató, intentando aplicar las recién adquiridas técnicas de asertividad.

Hay que recordar que Elena es una persona adulta y, por lo tanto, tiene derecho a opinar sobre asuntos que conciernen a la casa. Por otro lado, la madre tenía una marcada tendencia a gastar el dinero inútilmente, haciendo grandes inversiones o realizando constantemente reformas en la casa que, ante su falta de recursos económicos, tenían que ser asumidos por sus hijos.

Te retamos a que identifiques los tipos de respuesta asertiva que está utilizando Elena:

1. *Madre:* Oye, Elena, hay que hacer reformas en la casa y he decidido que tú te encargues de buscar a los albañiles. Pero tienes que consultar a varios y pedirles presupuesto, no nos vayan a timar.

2. *Elena:* A mí me gustaría hablarlo antes de tomar decisiones. Creo que no es necesario hacer reformas y, además, ahora mismo no tenemos dinero.

3. *Madre:* Pues no sé por qué, está muy claro: vamos a hacer reformas y tú te encargarás de buscar los albañiles. Yo ya decidiré luego cuál elegimos.

4. *Elena*: Sí, pero de todas maneras, creo que deberíamos pensarlo bien antes. Te repito que no tenemos dinero y que no creo que ahora mismo hagan falta reformas.

5. *Madre:* ¿Qué pasa, que no te fías de mis criterios, como siempre?

6. *Elena*: Comprendo que mi actitud parezca falta de confianza hacia ti, pero yo también tengo derecho a exponer mis opiniones.

7. *Madre:* Ya, ya, pero en el fondo siempre es lo mismo: en esta casa nunca se me ha hecho caso, no se confía en mí y lo demás son tonterías.

8. *Elena:* Ya te he dicho antes que no se trata de falta de confianza, sino de que yo también tengo mis propias opiniones y me gustaría exponerlas.

9. *Madre*: Pues no entiendo lo que me planteas. ¿Vamos a hacer las reformas o no?

10. *Elena*: Es que si tú me lo planteas como lo has hecho al principio, me siento avasallada porque no me das oportunidad de opinar. ¿No sería mejor hablarlo y llegar a un acuerdo entre las dos?

11. *Madre:* Bueno, alabado sea Dios, pues lo hablamos...

12. *Elena:* Eso está muy bien, por lo menos eres comprensiva... [2]

Normalmente, para que la persona adquiera más fácilmente los hábitos generales de respuesta asertiva descritos, en terapia se realiza un Ensayo de conducta o *role-playing*, que le hará imaginarse mejor las situaciones que le cuesta trabajo afrontar:

Primeramente hay que elegir las situaciones que a cada *persona en concreto* le cuesten. No valen situaciones generales que, por sentido común, puedan parecer difíciles. Deberá proporcionar una lista detallada de aquellas interacciones que más trabajo le cuesta llevar a cabo.

Solo en el caso de que la persona no sepa discernir situaciones peores o mejores, o en casos de grandes problemas sociales en los que cualquier interacción parece imposible de afrontar, se proporciona a la persona un listado de situaciones típicas, para que elija unas cuantas para ensayar. Un listado tipo podría ser como este:

---

2. Tipos de respuesta asertiva utilizadas por Elena: Respuesta n° 2: asertividad elemental; n° 4: asertividad ascendente; n° 6: asertividad empática; n° 8: asertividad ascendente; n° 10: asertividad subjetiva; n° 12: asertividad positiva.

Listado de situaciones que requieren asertividad

1. Alguien te pide que le prestes algo (un libro, un disco, dinero...) y no deseas hacerlo.

2. Alguien te pide un favor que no quieres hacer, por ejemplo que le acompañes a algún sitio, que hables por él, etc.

3. Alguien te regala algo que no estás dispuesto a aceptar, por ejemplo un abrigo de pieles, algo demasiado caro, etc.

4. Un profesor te llama la atención durante la clase de forma injusta y agresiva.

5. Tus padres insisten en darte consejos sobre lo que debes o no debes hacer y tú consideras que debes tomar tus propias decisiones.

6. Debes negociar la retribución económica que te corresponde y tu jefe no parece muy dispuesto a ello.

7. Estás en una situación de trabajo y tu inmediato superior opina de forma diferente a la tuya.

8. Estás en una reunión y cuando es tu turno de palabra, un compañero no te permite hablar, te interrumpe constantemente.

9. Alguien con quien estás conversando te da una opinión que tú consideras inadecuada, por ejemplo, respecto al racismo, la ecología, el machismo, etc.

10. Observas que tu pareja da muestras (gestos, posturas, caras...) de estar enfadada o preocupada, pero no te dice nada.

11. Estás en la barra de un bar. El barman está distraído charlando con otro cliente y no te atiende.

12. Tu jefe se muestra excesivamente crítico con tu labor, sin embargo manifiesta pocas razones objetivas y muchas interpretaciones erróneas.

☺ **Analiza: ¿Hay alguna situación de tu vida parecida a las descritas? Si no, elige alguna situación de las que describiste al principio del libro.**

¿Cómo suele ser? Describe todos los detalles.

¿Qué tipo de respuesta asertiva podrías utilizar para cada caso?

¿Cómo podría ser, exactamente, tu respuesta asertiva, con las palabras y frases que más cómodas te resulten?

Una vez definidas las situaciones que se quieren ensayar, en terapia se procedería, normalmente, a realizar el *role-playing* o ensayo de conducta. Este consiste en escenificar repetidas veces la situación, utilizando para ello al terapeuta, al propio cliente, (que haría de sí mismo), y/o a otros coadyuvantes que ayudarán a dar mayor realismo a la escena. El cliente representará el papel que suele tener normalmente, introduciendo las recién adquiridas técnicas asertivas; terapeuta y coadyuvantes escenificarán a las personas con las que el cliente se suele relacionar y que le pueden causar problemas de asertividad. El cliente tiene que haber informado específicamente de cómo se comportan esas personas, qué suelen decir, cómo suelen "cortarle", etc., para que la escena adquiera el máximo realismo posible. Normalmente, el *role-playing* se repite varias veces, ya que terapeuta o coadyuvantes irán dando *feed-back* (informándole de cómo lo ha hecho) a la persona sobre su conducta y ésta tendrá que ir perfeccionándola a medida que se repiten las escenas.

Muy importante para afianzar bien las respuestas asertivas es analizar exactamente qué conducta no verbal tiene que manifestarse en cada caso. En un *role-playing* es donde mejor se puede comprobar y corregir el factor no verbal. Como decíamos en el capítulo 2, la conducta no verbal (forma de mirar, expresión facial, gestos, etc.) es tan importante, si no más, como la verbal y es causa de muchas dificultades de asertividad. Conviene pues considerarla en cualquier entrenamiento y no menospreciar su importancia.

Otra forma de afianzar las respuestas asertivas es imaginando, de la forma más realista posible, las situaciones que causan temor y a sí mismo respondiendo de forma correcta ante esas situaciones. También aquí se tendrán en cuenta las respuestas verbales y las no verbales. Para ello existen varias técnicas que tienen entre sí sutiles diferencias formales que ahora no entraremos a describir. Son las denominadas "desensibilización sistemática" si se trata de una verdadera fobia social; "aserción encubierta", "refuerzo encubierto", ideadas por eminentes autores como Cautela, Meichenbaum, etcétera.

En cualquier caso no basta con aprender "la teoría" de las diversas técnicas y tipos de respuesta asertiva que existen. Con ello no se consigue más que frustrarse porque seguramente, a la hora de ponerlas en la práctica, serán un fracaso completo. Siempre hay que realizar ensayos previos, escenificando o imaginando la(s) situación(es) que están causando problemas.

☺ **Elige una situación que te cause problemas.**

Estudia los tipos de respuesta asertiva descritos en la página anterior y las técnicas de comunicación asertiva que relataremos a lo largo del libro.

Elige la o las respuestas asertivas que más apropiadas te parezcan para tu problemática y con las que más cómodo te sientas.

Ahora, cierra los ojos y trata de imaginar una típica escena problemática para ti. Intenta imaginar: todas las personas participantes, el contexto en el que suele tener lugar la escena, lugar, ruidos, olores..., la hora del día, la oscuridad-claridad, la decoración, etc. Lo importante es que logres imaginar la escena lo más exactamente posible.

Imagínate ahora a ti mismo actuando con una de las técnicas asertivas que has elegido. Trata de verlo, también, de la manera más realista posible: qué dirías exactamente, qué gestos tendrías, qué expresión de la cara, etcétera.

Si ves que te sientes cómodo en tu "papel", repite la escena unas cuantas veces más e intenta aplicar lo imaginado en un ensayo lo más realista posible. Si te atreves, lánzate a ensayar en la vida real.

Si no te sientes "tú" interpretando esa respuesta asertiva, puede deberse a que tienes que elegir otra respuesta o modificar ligeramente la que habías elegido. Intenta encontrar otra que te vaya mejor. También puede deberse a que la ansiedad que sientes es tan fuerte que no te permite exhibir, ni siquiera mentalmente, la respuesta asertiva. En este caso, deberías ensayar unas técnicas de relajación.

Lo importante es que encuentres una respuesta asertiva con la que te sientas bien, que no te suponga hacer o decir cosas que no van contigo ni te haga sentir excesivamente forzado.

Hemos visto antes formas generales de respuesta asertiva. Como decíamos, existen a partir de estas muchos otros tipos de respuesta asertiva adecuadas a diversas situaciones. Hay respuestas más o menos estereotipadas para afrontar las críticas, para defenderse ante ataques, para discutir de forma constructiva, para criticar correctamente, para reclamar perjuicios que nos hayan hecho, para realizar peticiones y hasta para comunicar correctamente los sentimientos. Estas respuestas se pueden encontrar en los muchos libros y artículos que se han escrito sobre el tema.

A modo de ejemplo, vamos a describir a continuación un paquete de técnicas encaminadas a llevar una discusión de forma asertiva:

Técnicas de asertividad para discusiones

Técnica del disco rayado

Esta es la técnica más extendida y la que aparece en todos los libros que se han escrito al respecto.

Consiste en repetir el propio punto de vista una y otra vez, con tranquilidad, sin entrar en discusiones ni provocaciones que pueda hacer la otra persona.

Por ejemplo: –Tú tienes la culpa de que llegáramos tarde, como siempre– (Disco rayado:) –Tenía que terminar un trabajo y no tenía otro momento. –Pero es que siempre llegamos tarde a todas partes y estoy harto. (D.R.:) –Es verdad, pero en este caso sabes que no podía hacer el trabajo en otro momento. –Pero es que siempre, por una causa u otra, eres tú la que nos hace llegar tarde. (D.R.:) –Será verdad, pero te repito que esta vez no tuve otro remedio que terminar el trabajo que tenía pendiente–, etcétera.

Como se ve, la técnica del disco rayado no ataca a la otra persona; es más, hasta le da la razón en ciertos aspectos, pero insiste en repetir su argumento una y otra vez hasta que la otra persona queda convencida o, por lo menos, se da cuenta de que no va a lograr nada más con sus ataques.

Banco de niebla

Esta es otra de las técnicas que están más extendidas. También se la llama "técnica de la claudicación simulada".

Consiste en dar la razón a la persona en lo que se considere puede haber de cierto en sus críticas, pero negándose a la vez a entrar en mayores discusiones. Así, aparentemente se cede terreno sin hacerlo realmente, pues, en el fondo se deja claro que no se va a cambiar de postura.

Por ejemplo: –Tú tienes la culpa de que llegáramos tarde, como siempre. (Banco de niebla:) –Sí, es posible que tengas razón. –Claro, como siempre, tienes otras cosas que hacer antes de quedar. (B.N.:) –Pues sí, casi siempre tengo otras cosas que hacer antes. –Pues estoy harto de que por tu culpa siempre lleguemos tarde. (B.N.:) –Ya, es verdad, siempre llegamos tarde.

La persona está demostrando que cambiará si lo estima conveniente, pero no porque el otro se empeñe en ello.

Para esta técnica es muy importante controlar el tono de voz en el que se emite la respuesta, ya que si se dice de forma dura y tajante o excesivamente despreciativa, puede suscitar agresividad en el interlocutor. El tono debe de ser tranquilo y hasta ligeramente reflexivo, como meditando las palabras que nos dicen. (De hecho, quizás convenga realmente meditar si la persona tiene razón con su crítica).

Aplazamiento asertivo

Esta respuesta es muy útil para personas indecisas y que no tienen una rápida respuesta a mano o para momentos en que nos sentimos abrumados por la situación y no nos sentimos capaces de responder con claridad.

Consiste en aplazar la respuesta que vayamos a dar a la persona que nos ha criticado hasta que nos sintamos más tranquilos y capaces de responder correctamente.

Por ejemplo: –Tú tienes la culpa de que llegáramos tarde, como siempre. (Aplazamiento asertivo:) –Mira, es un tema muy polémico entre nosotros. Si te parece, lo dejamos ahora, que tengo trabajo y lo hablamos con calma mañana ¿vale?

Si la persona insistiera, nosotros debemos insistir por nuestra parte, al estilo del disco roto, en nuestra postura. Si uno no quiere discutir, no hay discusión posible.

Técnica para procesar el cambio

Esta técnica es una de mis favoritas. Considero que es muy útil, ya que no suscita agresividad en la otra persona ni incita a nadie a defenderse y ayuda tanto a la persona que la emite como a la que la recibe.

Consiste en desplazar el foco de discusión hacia el análisis de lo que está ocurriendo entre las dos personas. Es como si nos saliéramos del contenido de lo que estamos hablando y nos viéramos "desde fuera".

Por ejemplo: –Tú tienes la culpa de que llegáramos tarde, como siempre. –Pues no sé por qué lo dices. Llegamos tarde porque tú te empeñaste en grabar el partido de fútbol en vídeo. –¡Pero qué cara tienes! Yo me puse a grabar el partido porque vi que estabas pintándote y no acabas nunca. Además, tú sabes muy bien quién es el que siempre está esperando en la puerta y quién es la que, en el último momento, tiene 400 cosas importantes que hacer (etc.). (Procesamiento del cambio:) –Mira, nos estamos saliendo de la cuestión. Nos vamos a desviar del tema y empezaremos a sacar trapos sucios. O –Estamos los dos muy cansados. Quizás esta discusión no tiene tanta importancia como le estamos dando ¿no crees?

Quizás lo más difícil en una discusión es precisamente lo que propugna esta técnica: ser capaces de mantenernos fríos y darnos cuenta de lo que está ocurriendo. No meternos a saco en contenidos que no nos llevan a ninguna parte, no dejarnos provocar por incitaciones ante las que creemos necesario defendernos. Es mucho más efectivo reflejar objetivamente qué es lo que está ocurriendo y reconocer nuestra parte de culpa ("estamos cansados los dos"), que defender a capa y espada cualquier pequeño ataque que recibamos.

Técnica de ignorar

Esta técnica es parecida a la anterior, aunque en este caso la responsabilidad recae solamente en la otra persona. Es aplicable cuando vemos a nuestro interlocutor sulfurado e iracundo y tememos que sus críticas terminen en una salva de insultos sin llegar a tener la oportunidad de defendernos.

Por ejemplo: –¡Tú tienes la culpa de que llegáramos tarde, como siempre! (Ignorar:) –Me parece que estás muy enfadado, así que creo que es mejor hablar de eso luego.

Como en la técnica del Banco de Niebla, en ésta también es muy importante controlar el tono de voz con el que se emite. Un tono despectivo o brusco solo suscitaría mayor agresividad en el otro, ya de por sí enfadado, que lo interpretaría como una provocación. Lo mejor es adoptar un tono especialmente amable y comprensivo, respetuoso con el enfado de la persona.

Técnica del acuerdo asertivo

Esta técnica se parece algo a la del Banco de Niebla, pero va un poco más allá, no se queda en ceder terreno sin mayores comentarios, sino que deja claro, además, que una cosa es el error cometido y otra muy distinta el hecho de ser buena o mala persona. Es útil en situaciones en las que reconocemos que la otra persona tiene razón al estar enojado, pero no admitimos la forma de decírnoslo.

Por ejemplo: –Tú tienes la culpa de que llegáramos tarde, como siempre. (Acuerdo asertivo:) –Tienes razón, llegamos tarde por mi culpa. Pero sabes que, normalmente, no suelo ser impuntual.

Esta técnica logra "apaciguar" al interlocutor al admitir el error (si realmente se ha cometido ¿por qué no admitirlo?), pero separa claramente el "hacer" del "ser". Si aplicamos varias veces esta respuesta con personas que tienden a generalizar, podremos evitar el ser etiquetados en el futuro. No hay cosa más difícil que quitar una etiqueta que alguien nos haya puesto. Esta técnica va encaminada a prevenir que esto ocurra.

Técnica de la pregunta asertiva

Esta técnica es muy antigua; de hecho responde al dicho de "convertir al enemigo en aliado" y es muy útil por eso.

Consiste en "pensar bien" de la persona que nos critica y dar por hecho que su crítica es bienintencionada (independientemente de que realmente lo sea). Como de todo se puede aprender, obligaremos a la persona a que nos dé más información acerca de sus argumentos, para así tener claro a qué se refiere y en qué quiere que cambiemos. (Luego dependerá de nosotros el que lo hagamos o no).

Por ejemplo: –Tú tienes la culpa de que llegáramos tarde, como siempre. (Pregunta asertiva:) –¿Qué es exactamente lo que te molesta de mi forma de actuar? O –¿Cómo sugieres que cambie para que no se vuelva a repetir?

Si la persona da respuestas vagas, la obligaremos por medio de nuestras preguntas a concretar. Cuando la crítica es malintencionada y está lanzada al vuelo, sin pensar, quien la haga pronto se quedará sin argumentos, mientras que si está fundada en una reflexión puede que realmente, con sus datos, nos ayude a modificar algo de nuestra conducta. En cualquier caso, esta respuesta rompe los esquemas de nuestro interlocutor, ya que ni nos defendemos ni respondemos con agresividad a su crítica (y, de momento, tampoco cedemos, pues nos limitamos a preguntar).

En cualquier caso, además de aplicar con soltura las diversas técnicas asertivas para discutir adecuadamente, se hace necesario recordar la recomendación de R. Lombardi: "Si (...) sientes la urgencia de criticar a alguien motivado por el odio o el resentimiento, cierra el pico hasta que tus sentimientos se serenen y te permitan criticar afirmativamente, si todavía lo consideras oportuno".

Técnicas de reducción de ansiedad

Determinadas situaciones de interacción social provocan en las personas poco asertivas reacciones o respuestas con un nivel muy elevado de ansiedad, de tal manera que en ocasiones pueden incapacitar total o parcialmente al sujeto para emitir la conducta adecuada, por muy aprendidas que tenga las técnicas y muy asimilados los pensamientos alternativos racionales. Si bien rara vez los problemas de asertividad provienen exclusivamente de la ansiedad, cuando la respuesta de tensión es muy elevada, –la persona se queda bloqueada y no puede actuar o bien tiene somatizaciones muy intensas– es preciso trabajar aisladamente esta respuesta antes de que comience a poner en práctica otro tipo de habilidades.

Particularmente en la respuesta agresiva siempre hay previamente una subida de tensión o incluso una respuesta corporal de ansiedad: puede aumentar el ritmo cardíaco, la persona sentir tensión muscular, presión en la cabeza, etcétera.

Para reducir la ansiedad de forma física existen fundamentalmente dos técnicas, complementarias entre sí: la relajación y la respiración.

La relajación

Existen básicamente dos tipos de relajación: la Relajación Progresiva (muscular) de Jacobson y el Entrenamiento Autógeno de Schulz. Aquí solamente vamos a describir la técnica de Jacobson. Se basa en que relajando diversos grupos musculares se logra relajar también la mente.

La mayoría de la gente desconoce cuáles de sus músculos están habitualmente tensos. Por medio de esta técnica se aprende a identificar los músculos que están más tensos y a distinguir entre las sensaciones de tensión y relajación profunda.

Si bien no vamos a presentar aquí un manual de relajación, sí describiremos brevemente los grupos musculares que se trabajan en una relajación progresiva. Los cuatro principales son:

- Músculos de la mano, antebrazo y bíceps
- Músculos de la cabeza, cara y cuello. Se presta especial atención a los de la cabeza (cuero cabelludo, orejas, sienes,

frente), ya que la mayoría de los músculos implicados en las emociones que crean la ansiedad se encuentran en esta zona

- Músculos del tórax, región lumbar, estómago y abdomen. El estómago-abdomen es otra zona de importante acumulación de tensiones

- Músculos de los muslos, nalgas, pantorrillas y pies.

La relajación de Jacobson consta de dos fases:

Durante la 1ª fase la persona aprende a discriminar entre un músculo tenso y el mismo músculo, relajado. Para ello, colocándose tumbado o sentado en una silla, va tensando un músculo específico y, tras 3 o 4 segundos, lo relaja progresivamente para apreciar la diferencia entre la sensación de tensión y la de relajación. De esta forma se aprende a discriminar y localizar aquellos músculos del cuerpo que tiendan a tensarse más en la vida diaria de cada uno.

En la 2ª fase la persona ya discrimina perfectamente cuándo un músculo está tenso. Sabiendo relajarlo, por lo tanto, no necesitará tensarlo para relajarse, sino que practicará directamente la relajación inducida, sin tensión previa de los distintos músculos.

Aunque pueda parecer muy sencillo, la técnica de la relajación requiere mucha práctica e insistencia hasta tenerla completamente dominada. Remitimos a los lectores a las numerosas cintas y textos que sobre este tema se venden en librerías y centros especializados.

La respiración

Ésta es una técnica muy importante para reducir la ansiedad. Está estrechamente ligada a la relajación.

Los resultados de un ejercicio de respiración se aprecian de forma inmediata, pero los efectos profundos no se pondrán de manifiesto hasta después de varios meses de práctica persistente.

Existen muchos tipos de ejercicios respiratorios: desde concentrarse simplemente en sentir el aire que entra y sale, lentamente, de nuestros pulmones, hasta ejercicios más sofisticados en los que se va respirando alternativamente por una fosa nasal y por la otra. Uno de los ejercicios más utilizados, que es a su vez la base para otros tipos de respiración, es la llamada *respiración abdominal*. Consiste ésta en utilizar el diafragma en vez de los músculos del tórax para mover el aire que entra y sale de nuestro cuerpo. Para hacernos una idea más precisa, veamos un ejercicio de iniciación a la respiración abdominal:

- Tumbarse en el suelo, doblar las rodillas sin separar las plantas de los pies del suelo y separar los pies unos 20 cm, dirigiéndolos suavemente hacia afuera

- Explorar el cuerpo en busca de signos de tensión

- Colocar una mano sobre el abdomen y otra sobre el tórax

- Tomar aire lenta y profundamente por la nariz, haciéndolo llegar hasta el abdomen, levantando la mano que estaba colocada sobre él. El tórax se moverá solo un poco a la vez que el abdomen. Si se quiere, para ser más consciente del proceso, se puede a la vez oprimir un poco el tórax con la mano que está sobre él

- Al expulsar el aire, realizar el movimiento contrario: oprimir ligeramente el abdomen y levantar la mano que está colocada sobre el tórax

- Después de unas cuantas repeticiones, se puede intentar hacerlo sin colocar las manos. Los movimientos respiratorios deberán ser: aire entra - abdomen se hincha - aire sale - abdomen se contrae. El tórax deberá permanecer durante este tiempo lo más inerte posible, aunque puede moverse ligeramente. Las respiraciones deben ser largas, lentas y profundas, si bien cada persona tiene su propio ritmo y no es bueno intentar adaptarse a tiempos previamente fijados

• Cuando se haya conseguido una regularidad de movimientos respiratorios sin colocar las manos en tórax y abdomen, hay que pasar a inhalar el aire por la nariz y expulsarlo por la boca, con lo cual se relajarán también boca y lengua.

Lo mejor para que estos ejercicios sean efectivos es que se ensayen durante 5-10 minutos una o dos veces al día a lo largo de unas cuantas semanas.

Los ejercicios de respiración y los de relajación se pueden aplicar juntos, intercalando la respiración en medio del ejercicio de relajación o por separado. Normalmente no se realiza una relajación sin respiración, pero sí es válido y efectivo una respiración sin relajación, aunque lo más completo es aplicarlo de forma combinada.

Es muy importante que los ejercicios de respiración y relajación se ensayen en ambientes y posturas diversas. Es decir, si siempre los practicamos tumbados, en un ambiente tranquilo y sin ruidos, no sabremos extrapolarlos a situaciones en las que estemos tensos y los necesitemos. Un error que se comete muchas veces es el de creer que realizando ejercicios de relajación/respiración todos los días durante 20 minutos es suficiente para estar relajados en todo momento. Esto es rotundamente falso. Notaremos los beneficios de una relajación o una respiración si las sabemos aplicar in situ en el momento en el que estemos tensos, en medio de una conversación, en una reunión, una fiesta, etc. Por lo tanto es necesario ensayar la relajación (que obviamente deberá ser muy breve, cosa que solo se logra con mucho entrenamiento) y la respiración sentados, de pie, andando, en el autobús o en el metro, solos o en compañía, etc. Así, ensayaremos también el relajarnos y respirar de forma disimulada, sin que los demás lo noten.

6

APLICACIÓN DE LO APRENDIDO
A SITUACIONES CONCRETAS

Todas las estrategias descritas hasta el momento son conductas asertivas generales, que en principio se pueden aplicar a cualquier tipo de situación con solo adaptar un poco la estrategia a la situación que causa problemas.

Sin embargo, hay ocasiones en las que es necesario reforzar las habilidades aprendidas con técnicas más específicas. Hay situaciones, como puede ser la de pareja, que requieren toda una gama de técnicas ideadas especialmente para ello; otras veces puede ocurrir que el desconocimiento en materia asertiva de la persona sea tal que necesite contar con unas técnicas muy específicas para las tres o cuatro situaciones concretas que más le cuestan. En cualquier caso, siempre es bueno reforzar las pautas generales con algunos trucos específicos que ayuden a salvar mejor las situaciones que más difíciles resultan.

Como dijimos anteriormente, existen amplios listados de técnicas en numerosos libros y artículos, casi diríamos que tantos como situaciones conflictivas pueda haber. En el capítulo 5 describíamos, a modo de ejemplo, las principales técnicas para discutir de forma asertiva. Aquí presentamos las habilidades específicas para cuatro tipo de situaciones que resultan difíciles para muchas personas:

- asertividad en la pareja
- respuesta ante críticas
- realización de peticiones
- expresión de sentimientos.

Asertividad en la pareja

Muchas parejas tienen serios problemas de funcionamiento porque uno o ambos miembros se comportan siguiendo modelos agresivos o sumisos que provocan en el otro respuestas inadecuadas, dando lugar al consiguiente desajuste personal y emocional de uno o de ambos.

La comunicación es uno de los pilares básicos en los que se apoya la relación de pareja y, por lo tanto, donde más claramente se ponen de manifiesto los comportamientos asertivos o no asertivos. Sorprende ver cuántas parejas carecen de habilidades y estrategias para comunicarse de forma adecuada y cómo esta carencia de habilidad se interpreta muchas veces como "falta de ganas", "desmotivación", "incomprensión", etc. Repetimos que la educación tradicional nos ha enseñado a ser poco asertivos y, por lo tanto, muchas personas desconocen por completo cómo manifestar correctamente sus sentimientos, enfados, peticiones al otro miembro de la pareja con el que, supuestamente, tienen "tanta" confianza. Así, un error típico y básico de las parejas es pretender que el otro "adivine" qué nos falta, qué esperamos de él. Se supone que con el amor uno se convierte en clarividente y si no es así, no se está realmente pendiente y enamorado del otro. Pero, como bien titula Beck uno de sus libros, "con el amor no basta". Hay que comunicar al otro nuestros deseos, peticiones, demandas de cariño, y hacerlo de forma que lo comprenda y no esperando que lo "sobreentienda" con nuestros gestos y muecas de disgusto.

Todos tenemos una idea de cuáles son los *principios básicos para lograr una correcta comunicación afectiva* pero, tal vez porque suenan a perogrullo, frecuentemente nos olvidamos de ellos. Vale la pena repasarlos para empezar a modificar nuestra conducta asertiva con la pareja:

1. *Es más apropiado hacer una petición que una demanda.* Las primeras demuestran respeto por el otro y mejoran la comunicación. Es muy distinto escuchar: "¿Puedes apagar la tele mientras hablamos?" que "¡Cuando estamos hablando quiero que apagues la tele!".

2. *Es mejor hacer preguntas que acusaciones.* Las acusaciones solo desencadenan una reacción defensiva y no llevan a ningún lado. Es diferente, aunque signifique lo mismo, decir: "¿Me estás escuchando?" que "¡Otra vez no me estás escuchando!".

3. *Al criticar a la otra persona, hablar de lo que hace, no de lo que es.* Las etiquetas no ayudan a que la persona cambie, sino que refuerzan sus defensas. Hablar de lo que una persona es sería: "Te has vuelto a olvidar de sacar la basura. Eres un desastre"; mientras que hablar de lo que hace sería: "Te has vuelto a olvidar de sacar la basura. Últimamente te olvidas mucho de las cosas".

4. *No ir acumulando emociones negativas sin comunicarlas*, ya que producirán un estallido que conducirá a una hostilidad destructiva.

5. *Discutir los temas de uno en uno,* no "aprovechar" que se está discutiendo sobre la impuntualidad de la pareja para reprocharle de paso que es un despistado, un olvidadizo y que no es cariñoso.

6. *Evitar las generalizaciones.* Los términos "siempre" y "nunca" raras veces son ciertos y tienden a formar etiquetas. Es diferente decir: "Últimamente te veo algo ausente" que "Siempre estás en las nubes".

7. *No guiarse por una excesiva sinceridad en la pareja.* Algunas cosas deben pensarse bien antes de decirse si las consecuencias no van a ser positivas. "Últimamente me noto más frío respecto a ti. No sé si todavía me gustas" puede ser muy sincero, pero habría que esperar antes de echarle a la pareja ese jarro de agua fría. Quizá solo es un sentimiento pasajero sin ninguna importancia. Si realmente no lo es, siempre se está a tiempo de plantearlo.

8. *La comunicación verbal debe de ir acorde a la no verbal.* Decir "Ya sabes que te quiero" con cara de fastidio dejará a la otra persona peor que si no se hubiera dicho nada.

Muchas personas pensarán al leer esto: muy bonito, pero ¿cómo llevar a la práctica estos principios tan loables? Y tienen razón, una pareja necesita saber cómo traducir estos principios en conductas y actitudes concretas. Aquí ya entra en juego la asertividad, porque no hay mejor forma de plasmar los principios descritos que mediante técnicas y estrategias asertivas.

Estrategias asertivas para la pareja

Una persona asertiva desarrollará con su pareja las siguientes habilidades:

1. *Dar gratificaciones*: tanto verbales como materiales. Hay que explorar qué es lo que gratifica a nuestra pareja y no dar por hecho que le gusta "lo que a todo el mundo".

2. *Agradecer las gratificaciones*: a veces se da por supuesto que el otro debe llevar a cabo determinados comportamientos positivos y que no tenemos por qué agradecérselo. Mostrar abiertamente que nos alegramos le servirá de refuerzo para repetirlo otra vez y le proporciona información para saber que va por buen camino respecto a nosotros.

3. *Pedir gratificaciones*: normalmente se piensa que no hay que pedir las cosas porque es artificial y que el otro debe saber lo que queremos y dárnoslo. Como decíamos antes, nadie, por muy enamorado que esté, es clarividente y necesitamos saber exactamente qué le gusta a la otra persona para poder dárselo a su gusto. Hay que desterrar la idea de que pedir es rebajarnos y comunicar abiertamente qué y cuánto nos gustaría que nuestra pareja hiciera por nosotros.

4. *Expresar los sentimientos negativos*: es necesario que una pareja se comunique sentimientos de tristeza, enojo, malestar, frustración, etc., pero haciéndolo de una manera asertiva, para no terminar, como ocurre muy frecuentemente, en peleas y acusaciones. Para ello, hay que:

   • Hablar del tema conflictivo de una forma muy directa, sin "sobreentendidos".

   • Expresarlo en el momento y no cuando ya haya pasado el tiempo y el otro no sepa de qué le estamos hablando

   • Expresarlos de forma activa, no como víctimas ("Yo me siento..." en vez de "Tú me haces sentir..."). De hecho, estamos hablando de los *Mensajes-yo*.

- Describir nuestra propia conducta y la del otro sin acusar. "Mientras yo friego, tú te pones a ver la tele y eso me parece injusto", en vez de "Eres un caradura, me tienes como una esclava a tu servicio".

- Petición de cambio de conducta o propuesta de solución: no se puede dejar una discusión sin este último punto, pues si no la otra persona no sabrá cómo llevar a cabo el cambio de conducta que le estamos pidiendo.

- Elementos no verbales que deben de comunicarse en cualquier caso:

  – contacto visual con el interlocutor

  – tono emocional firme, convincente y apropiado a la situación conflictiva (¡no agresivo!)

  – volumen de voz audible y claro

  – movimientos de manos y brazos sueltos y acompañando la verbalización.

5. *Expresar los sentimientos positivos*: Para expresar agradecimiento o satisfacción a nuestra pareja, no nos olvidamos de los elementos no verbales que deben de comunicarse en:

- contacto visual con el interlocutor

- tono emocional cálido y cordial

- volumen de voz audible y claro

- presencia de sonrisas y gestos de acercamiento

Para transmitir el mensaje positivo se puede seguir este orden:

- Expresión de elogio/aprecio: conducta verbal de aceptación en respuesta al comportamiento positivo del otro.

- Expresión de sentimientos positivos: transmitir a la otra persona información sobre los propios sentimientos producidos por la conducta del otro.

- Conducta positiva recíproca: ofrecimiento de conducta positiva para corresponder a lo que el otro ha hecho.

- Empatizar: desgraciadamente, esta es una de las conductas que menos aparecen en las parejas: la capacidad de ponerse en el lugar del otro y ver los problemas desde su punto de vista. Convendría, de vez en cuando, realizar una inversión de roles en la pareja para que ambos se dieran cuenta de cómo ve las cosas el otro.

- Intercambiar afecto físico: muy importante y frecuentemente olvidado "al cabo de los años", ya que se confunde muchas veces con intercambio sexual.

6. *Enfrentarse a la hostilidad inesperada o al mal humor*: no todo son rosas en una pareja y, con mucha frecuencia, uno de los dos llega cansado, malhumorado o irritado. Muchas veces descargará su mal humor en el otro miembro de la pareja, sin que este tenga nada que ver con el asunto. La persona asertiva puede reaccionar de dos formas:

- con *asertividad repetida*: el miembro no hostil de la pareja responde a la cólera o irritabilidad del otro mediante la repetición de una negativa para admitir la culpa o una parte del sufrimiento del compañero. La técnica es la de Ignorar, que a veces tendrá que ser reforzada con un *Disco rayado*: "yo no voy a estropear una noche porque tú estés de mal humor" o "yo no tengo nada que ver con tu mal humor", etc.

- con *asertividad empática*: se empieza por empatizar con el otro poniéndose en su lugar: "Parece que estás muy enfadado esta noche", y a continuación, se utiliza una frase asertiva que exprese una postura constructiva y firme: "Pero creo que ese enfado viene de otras personas y yo no soy responsable de ello".

Veamos un ejemplo:

Juan le quiere decir a su pareja cuánto la aprecia, ya que la ve decaída y se da cuenta de que desde hace mucho tiempo no se dicen nada positivo. Lo hace de la siguiente forma: elige un momento relajado, sentados a la mesa, cenando. Apaga la televisión, para que el momento adquiera mayor importancia y dice:

Laura, hace mucho tiempo que solo hablamos del trabajo y no de nosotros. Te quiero decir que, aunque no lo parezca, me fijo mucho en cómo te esfuerzas por hacerme las cenas agradables cuando llego cansado a casa y eso hace que te sienta muy cercana. Créeme, cuando estoy en el trabajo me acuerdo mucho de ti y tengo ganas de volver a casa para verte y comentar contigo todo lo que me ha pasado. Quizás deberíamos salir más. He pensado que podríamos volver a ir a aquellas terrazas que tanto te gustaban, los domingos por la mañana.

En otro momento Laura, que también es asertiva, se encuentra a disgusto con Juan porque a veces llega muy tarde a casa por quedarse a tomar algo con los compañeros de trabajo:

Mira, Juan, quería comentarte una cosa. Yo entiendo que cuando sales del trabajo estás tan saturado que te apetece despejarte y tomar algo con tu gente. Me lo has razonado repetidamente y lo entiendo. Pero muchas veces tengo preparada la cena, se enfría y yo me siento como una tonta esperándote. Sinceramente, me parece exagerado que tengas que salir todas las tardes a tomar algo. ¿Por qué no intentamos arreglarlo para que ninguno de los dos pierda? No sé, podrías llegar más tarde en días fijos, que yo ya sepa de antemano, o avisarme con tiempo, para que no prepare nada. ¿Qué te parece?

☺ **Intenta hacer lo mismo que hemos hecho en estos ejemplos. Ya tengas pareja o no (el aprecio y la oposición no sólo se expresan en la pareja), piensa en cómo comunicas tu aprecio y tu oposición y compáralo con los consejos que hemos dado. ¿Te parece que te falta o sobra algo? ¿Cómo sería, concretamente, una intervención tuya si tienes en cuenta los aspectos que hemos descrito? Imagínatelo de forma muy específica, desde cómo sería tu conducta no verbal hasta qué dirías exactamente.**

Responder correctamente a las críticas

¿Qué hacer cuando alguien nos critica agresivamente? Ya sea la crítica justa o injusta, la situación es cuando menos intimidante, a no ser que estemos muy seguros de nosotros mismos y dominemos buenas estrategias de respuesta.

Para aprender este tipo de conductas es necesario que, previamente, tengamos clara una serie de cosas o en caso contrario, instaurarlas por medio de una Reestructuración Cognitiva:

• Hay que saber *interpretar* correctamente (objetivamente) una situación en la que le parezca que estamos siendo criticados. Tenemos que saber discriminar lo que es verdadera crítica y lo que es mera interpretación nuestra, distorsionada por nuestros pensamientos irracionales. ¡Hay muchos comentarios inocentemente jocosos que son interpretados como una crítica feroz!

- También tenemos que saber *evaluar* cuándo una crítica está siendo emitida con mala voluntad (en cuyo caso tendríamos que saber defendernos asertivamente) y cuándo se trata de una "crítica constructiva" (en cuyo caso la reacción iría más encaminada a evaluar si la otra persona tiene razón y cómo responder a ello).

Lo que es muy importante a la hora de responder correctamente a una crítica es el *tono* en que se emita la respuesta asertiva, ya que la persona que está criticando no tiene que sentirse agredida. Si esto ocurre, la conversación conduciría a una discusión o una competición de agresiones mutuas, que no llevaría a ninguna parte. El tono de la respuesta a una crítica tiene que ser lo más neutro y aséptico posible.

Las estrategias más comunes que existen para responder a las críticas son:

- Si te parece que la crítica es justificada, pero no deseas continuar hablando sobre el tema (¡hay "críticos" muy pesados!):

    – *Reconocer* (Tienes razón)

    – *Repetir* (Tendría que haber hecho...)

    – *Explicar* (No lo hice porque...)

    No hay que pedir nunca excesivas disculpas. El dar demasiadas explicaciones es signo de inseguridad. Con una frase explicativa basta.

- Si quieres convertir al otro en un aliado (no se lo esperará) en vez de un crítico, pregunta:

    –"¡¿Qué crees que debería hacer?!".

    Pide clarificación y no admitas respuestas vagas o negativas:

    (Crítico): –"No me gusta que hagas...".

(Tú): –"Bien, pero ¿qué quieres que haga exactamente?".

• En cualquier caso:

no permitas que el otro generalice su crítica a otras situaciones o a otras facetas de tu personalidad.

Utiliza el *Acuerdo asertivo*:

–"Sí, debería haber hecho..., pero eso no significa que yo sea...".

o el *Banco de niebla*: solo asentir a lo que consideramos válido, lo otro ni lo mencionamos:

(Crítico): –"Comes demasiado poco. No te estás cuidando lo suficiente y te vas a debilitar".

(Tú): –"Sí, puede que coma poco".

Esta última forma de actuar no significa que estés cediendo, ya que en todo momento mantienes la duda, sino que no quieres seguir discutiendo.

Si la persona sigue insistiendo (suele sentar muy mal este tipo de respuestas), puedes utilizar el *Aplazamiento asertivo*, es decir, aplazar la discusión para más adelante:

–"¿Te parece que lo hablemos en otro momento?".

Realizar peticiones

En este apartado hablamos de peticiones no improvisadas, aquellas para las que podemos preparar un guión o modelo de actuación: por ejemplo, desde pedir un aumento de sueldo, una revisión de examen o aclarar con una persona algún "asunto pendiente" (conflictivo), hasta declarar nuestro amor a la persona que amamos.

Lo más importante es que la persona se prepare para la situación, teniendo claro qué es lo que quiere, cómo lo quiere y evaluando cuál es el mejor momento para sí misma y para el otro. A esto se refieren los puntos a) y b) de las estrategias que describimos a continuación. El punto c) se refiere ya a la actuación en sí, que en consulta se ensayaría por medio de *role-playing*.

Veamos las estrategias que más se utilizan para realizar correctamente peticiones:

- Clarifícate sobre qué es lo que quieres exactamente, cuál es tu demanda:

  – Mi petición es para ....

  – Quiero ....

  – Cuándo lo quiero ....

  – Dónde lo quiero ....

- Señala el momento y el lugar para discutir el problema que te concierne. No esperes a que la situación sea propicia, porque corres peligro de no considerarla nunca "adecuada". Decide cuándo vas a realizar la petición, eligiendo el momento, lugar, hora que sean más propicios según tus conocimientos de la situación.

  Si te parece conveniente, anuncia a la persona en cuestión que quieres hablar con ella y decidid entre ambos el momento adecuado.

- Al realizar tu petición, ten en cuenta los siguientes pasos:

  – Caracteriza la situación/problema lo más detalladamente posible

  – Exprésate por medio de *mensajes-yo*, es decir, presenta en tu demanda tus pensamientos, sentimientos y tus deseos: "(Cuando tú...), yo me siento... Por eso me comporto... Por lo tanto, te pido...".

Este mensaje variará según la situación que lo requiera.

Hay veces en las que no es bueno expresar demasiados sentimientos (situaciones laborales). En otras, sin embargo, la expresión de sentimientos puede enriquecer un mensaje que de otra forma sería más difícil de entender. Sobre todo no culpes o ataques a la persona, ya que así solo obtendrías una respuesta defensiva.

– Enfócalo siempre desde tu punto de vista (me siento..., pienso...), no interpretes acciones o intenciones de la otra persona:

Erróneo: "Eres un vago. Tú tan tranquilo viendo la tele mientras yo me lío a fregar como un idiota".

Correcto: "Cuando te veo mirando la tele mientras yo friego, me da la impresión de que no me tienes en cuenta y me siento como un idiota. ¿Por qué no me echas una mano y evitamos una bronca?".

– Limita mediante una o dos frases claras cuál es tu objetivo. ¡Sé concreto y firme!

– Acentúa la probabilidad de que ambos saquéis beneficio si cuentas con la cooperación de la otra persona. Si es necesario, expresa las consecuencias negativas que traería su falta de cooperación.

Veamos un ejemplo:

Antonio está molesto con su compañero de piso, José Manuel, porque este no tiene en cuenta los turnos establecidos para fregar, limpiar, etc. y le deja siempre todo "empantanado" a Antonio. Decide hablarlo con José Manuel, pues la situación se va haciendo insostenible para él.

En primer lugar, Antonio tiene que decidir cuál es el mejor momento para ambos para hablar del tema. No es, desde luego, al volver José Manuel a casa por la tarde, ya que suele estar cansado y de mal humor. Tampoco por la mañana, ya que Antonio es de los que tardan mucho en despertarse y no estaría muy centrado para expresar su demanda. El mejor momento es un domingo después de comer, cuando ambos están tomando un café frente a la televisión.

Antonio ensaya lo que va a decir delante del espejo, pues la situación le atemoriza por los estallidos de agresividad que suele experimentar José Manuel. A nivel no verbal, Antonio observa que tiene tendencia a decir las cosas que le cuestan con una cierta risita, lo cual resta contundencia a sus mensajes. Con ayuda del espejo logra quitarse de encima este molesto tic. En cuanto al contenido verbal, ensaya las siguientes frases:

José Manuel, quería decirte una cosa. Cuando llego a casa cansado, me suelo encontrar que queda todo lo del mediodía por fregar y las camas sin hacer. ¿Te acuerdas que decidimos que tú te ocuparías de esas cosas? Como yo sí suelo cumplir con lo que me toca, me siento injustamente tratado y me pongo de muy mal humor. Me gustaría que pudiéramos solucionar este problema, hablando con tranquilidad. Si quieres, revisamos las tareas y tú escoges las que te sean más cómodas. Creo que si logramos cambiar la situación tendremos menos broncas, porque yo ya no estaré de tan mal humor. De lo contrario tendré que buscarme otro compañero de piso, porque así no me siento nada bien.

Expresar sentimientos

> *No permitir que los demás sepan lo que pensamos es*
> *tan poco considerado como no escuchar los pensamientos*
> *y sentimientos de los otros.*
> *(P. Jakubowski)*

Al igual que es importante saber defenderse, demandar y reclamar, también es de vital importancia expresar los sentimientos. Este tema es difícil para muchas más personas de las que se cree y aquel que se exprese con naturalidad estará demostrando que posee realmente una sana autoestima. En cualquier caso, se puede comenzar aplicando estos sencillos trucos que describimos a continuación. Muchas veces, comprobar que estamos comportándonos bien hace que también nos vayamos sintiendo progresivamente mejor con nosotros mismos.

Si te cuesta expresar honestamente tus sentimientos, pueden serte útiles los siguientes puntos:

• Acostúmbrate a formar frases que comiencen por: "quiero"... o "me gusta...", "no me gusta...", "me siento...", etc. Trata de incluirlas en tu conversación habitual hasta que ya no te resulte extraño utilizarlas.

• Intenta comprobar el significado o los sentimientos que subyacen a los comentarios del otro:

   "¿Sentías que te criticaba cuando dije...?".

• No dejes pasar situaciones confusas sin clarificarlas. Si algo te ha "mosqueado", sorprendido, alarmado, etc., pide inmediatamente una aclaración. Es más fácil expresar tu malestar en el momento que si tienes tiempo para darle vueltas.

- Acostúmbrate a utilizar frases reforzantes para el otro. Si algo te ha gustado, házselo saber; si le aprecias, intenta comunicárselo. A veces es más difícil expresar frases positivas que negativas.

- Como alternativa a estallar en ira ante una controversia, apréndete de memoria esta fórmula:

    "Estoy enfadado porque......"

    "Me gustaría que......"

- Si te cuesta mucho expresar sentimientos fíjate, mientras lo estés haciendo, en tu conducta externa: cómo modulas la voz, intentando hablar lentamente; cómo respiras (puedes realizar una inspiración profunda antes de comenzar cada frase. Te saldrán más fácilmente las palabras); qué postura adoptas o qué haces con tus manos. Intenta mantenerte relajado.

    El fijarte en tu conducta externa hace que no estés tan pendiente de lo que tienes que decir y, a la vez, que lo digas de forma más adecuada.

- Una buena expresión de los propios sentimientos debería incluir: tus necesidades, tus deseos, tus derechos y cómo repercuten las distintas situaciones en ti. No debería incluir excesivos reproches, ni deseo de herir ni autocompasión. Estos últimos enmascaran tus sentimientos y hacen que la otra persona te malinterprete.

7

EDUCAR PARA LA ASERTIVIDAD

Vosotros sois el arco desde el que vuestros hijos,
como flechas vivientes, son impulsados hacia lo lejos.

(Khalil Gibran)

Todo lo que hemos expuesto hasta ahora quiere ser una ayuda para el lector adulto e independiente, que, por las razones que sean, haya decidido aprender más sobre las relaciones humanas y la asertividad.

Pero nuestro libro no quedaría completo si solamente nos dirigiéramos a este público adulto. Existen alrededor de nosotros unos personajillos pequeños, pero importantes, que nos recuerdan constantemente nuestra propia infancia. Nos recuerdan también que no están formados en la vida y que están aprendiendo de nosotros, absorbiendo todo lo que ven y oyen y formando las bases para lo que serán de adultos. Son nuestros hijos, alumnos, sobrinos, amigos.

Muchos adultos se arrepienten de no haber aprendido "a tiempo" ciertas habilidades, se lamentan de que no se les enseñara adecuadamente esa destreza tan importante, o esa capacidad... E igual ocurre con la asertividad. En un capítulo anterior comentábamos que gran parte de la "culpa" de que no seamos asertivos está en la educación recibida, en los mensajes que nos transmitieron de pequeños.

Ahora que somos adultos sanos, que hemos aprendido, tal vez a posteriori, a ser asertivos, podemos y tenemos la obligación de conseguir que a nuestros niños no les ocurra lo mismo que a nosotros. Permitámosles vivir el placer de aprender a la vez que crecen y casi sin darse cuenta, a relacionarse adecuadamente con los demás, a no considerarse ni más ni menos que los otros niños y adultos que les rodean.

Como ya comentábamos en otro momento, la capacidad de ser asertivo o socialmente competente no se hereda, no es algo innato e inamovible, sino que se va aprendiendo a lo largo de la vida. Las habilidades sociales solo se aprenden con la práctica. Los niños van *aprendiendo* a compartir, a ceder turno, a cooperar y a negociar. No es cierto, como a veces se dice, que Fulanito "tenga dentro" el ser agresivo o a Menganito "le venga de familia" comportarse como un trozo de pan. Si son así es porque en su familia, en el colegio, con sus amigos están aprendiendo a comportarse agresiva o bondadosamente. Claro que a Menganito "le viene de familia", pero esto no significa que lo haya heredado sino que está "absorbiendo" día a día una actitud de bondad en su familia.

El aprendizaje del niño depende en gran parte de nosotros, los adultos. Tanto si somos padres como profesores o tutores de niños, tenemos la obligación moral de enseñarles a manejarse bien con las demás personas. La asertividad, que forma parte de la autoestima, es un escudo que protegerá al niño de por vida. Más adelante describiremos estrategias puntuales para aplicar con nuestros niños, pero independientemente de ellas hay que mostrar y transmitir en todo momento una actitud de apertura hacia el contacto social. Unos padres concienciados de esto invitarán frecuentemente a amigos de sus hijos a casa o a pequeñas salidas y excursiones. También permitirán que sus hijos vayan a casa de otros compañeros y que se queden a dormir, si así lo desean (hay muchos padres a los que no les gusta esto). Un profesor que quiera fomentar las habilidades sociales en su clase, estimulará el trabajo en equipo y encarará directamente cuantos problemas de enemistad, agresividad o liderazgo surjan en el grupo.

Es importante enseñar al niño a ser asertivo tanto con compañeros de su edad como con niños menores y con los adultos. El niño tiene una doble tarea: no solo debe aprender a relacionarse con sus iguales sino también con los adultos, a quienes debe guardar un respeto y hacer caso, pero frente a los que también puede y debe autoafirmarse. ¿Qué significa que el niño sea asertivo con el adulto? Desde luego que no se pretende que se convierta en un repelente que todo lo sabe mejor que el adulto, ni en alguien desobediente y contestón y por supuesto que es normal que los niños se enfaden, se rebelen o estén en contra de nosotros. Pero como actitud general, el niño asertivo es amable con el adulto cuando le preguntan, levanta la vista, mira a los ojos y tiene un habla clara. También pide aclaraciones si no entiende algo y no interrumpe. Este niño tan "modélico" que reflejamos aquí se parece mucho al que presentan los cánones de la buena educación; la diferencia es que desde aquí pretendemos que el niño se comporte de esta forma no porque deba hacerlo, sino porque "le sale de dentro", porque no tiene miedo pero sí respeto hacia el adulto.

Bien, estaréis pensando muchos de los que leáis esto, suena muy bien pero ¿qué tenemos que hacer, concretamente? ¿Cómo podemos ayudar a nuestros hijos, alumnos, etc. a ser más asertivos?

Vamos a explicar muy brevemente los principios básicos de la teoría del aprendizaje.

Principios básicos del aprendizaje de la asertividad

Como decíamos ya, las conductas asertivas, y en general todas las conductas, no se heredan, sino que se aprenden.

Si por conducta se entiende: hacer, sentir y pensar, también se aprenderán:

- las emociones, como el miedo, la vergüenza, la ira…
- las conductas problemáticas, como la desobediencia, la agresividad, la timidez, etc.

¿Cómo se aprende todo esto?

Un niño se va desarrollando en estrecha relación con el ambiente que le rodea. Dependiendo de cómo sea el este (familia, escuela, sociedad) aprenderá a comportarse de una manera u otra:

Todos buscamos, por encima de todo, *llamar la atención y sentirnos valorados* (ser "alguien" para los demás). Desde niños, la principal motivación que nos mueve por la vida es esta. En el niño, ser "alguien" para los demás es de vital importancia, ya que en eso se basará su autoestima. El niño que se haya sentido adecuadamente querido y respaldado desarrollará

154

una sana autoestima y una seguridad en sí mismo. Más adelante deberá dejar de estar pendiente de la opinión de los demás para dejar paso a sus propios criterios. Por desgracia hay muchos adultos que todavía continúan esperando obtener la "recompensa" a sus acciones por parte de los demás.

Para conseguir sentirse valorado, el niño (¡y también el adulto!) utilizará todos los métodos que estén a su alcance, *independientemente de su valor moral.* Según cómo le responda el ambiente, continuará exhibiendo un comportamiento y abandonará otro. Por ejemplo, si un niño consigue llamar la atención portándose bien, atendiendo en clase y siendo buen compañero, y esta conducta es valorada por parte del profesor y sus padres y compañeros, continuará con ella, pues le reporta beneficios.

Si, por el contrario, otro niño ve que consigue llamar la atención molestando, haciendo reír o mostrando conductas agresivas, también continuará comportándose de esta manera. En este caso sus profesores y padres seguramente no le alabarán, pero él puede sentirse valorado por ellos: es "alguien" para los demás, los compañeros seguramente le reirán las gracias y ser regañado es una forma de llamar la atención y sentirse importante. Seguramente, si nadie le muestra que existen otras conductas con las que puede obtener igual beneficio, este niño continuará con su conducta disruptiva.

El mecanismo que están siguiendo los niños es el mismo en ambos casos.

¿De qué depende el aprendizaje de la asertividad?

El que un niño aprenda una conducta u otra y concluya que esta puede serle más beneficiosa que aquella depende principalmente de tres factores: de lo que ocurra inmediatamente después de exhibir esa conducta (simplificando mucho: si es premiado o castigado), de lo que pase antes (los llamados "estímulos discriminativos") y de los modelos que tenga el niño para imitar. Vamos a describir los dos que más nos interesan: los consecuentes y los modelos a imitar.

Consecuentes:
(lo que ocurre inmediatamente después de una conducta)

Cualquier comportamiento va siempre seguido de una reacción exterior. Muchas veces las reacciones son tan mínimas que no son dignas de resaltar, pero otras, y sobre todo para un niño que está muy pendiente de todo lo que le llega desde fuera, son completamente condicionantes. Obviamente, si alabamos o mostramos satisfacción ante una conducta una sola vez, no servirá de nada. El niño llegará a la conclusión de que vale la pena continuar con esa conducta después de que se la haya valorado varias veces y, si es posible, por varias personas importantes para él.

Existen dos tipos básicos de consecuencias o reacciones ante una conducta:

Refuerzo positivo

El llamado refuerzo positivo es cualquier respuesta agradable que nos llegue del exterior y que nos haga pensar que la conducta que acabamos de emitir es deseable.

Los refuerzos pueden ser materiales: premios; sociales: elogios, miradas, atención; simbólicos: dinero, puntos; y, en el adulto, pueden ser sus propios pensamientos y automensajes los que le refuercen (autorrefuerzos). El refuerzo social, la atención y valoración verbal y no verbal que recibamos, es el más poderoso y tiene un efecto mucho mayor que cualquier premio material.

Los refuerzos positivos aumentarán la probabilidad de que la conducta se reproduzca. De esta forma, se puede afirmar que si algo está ocurriendo regularmente, lo más seguro es que esté siendo reforzado, y eso vale tanto para las conductas correctas como para las incorrectas.

Una conducta que no reciba una respuesta valiosa durante un tiempo prolongado, se irá debilitando hasta desaparecer: si no alabamos nunca a un niño por portarse bien, buscará otras formas de llamar la atención; si no hacemos caso a un niño que llora, terminará por buscar otras formas de conseguir lo que quiere. Como vemos, este mecanismo, que se denomina extinción, puede ser beneficioso o perjudicial.

Castigo

Como castigo entendemos cualquier respuesta no gratificante, desde regañinas hasta castigo físico, pasando por el desprecio, la burla o la agresión verbal.

En contra de lo que se pueda pensar, este método suele ser muy efectivo en un primer momento, pero a la larga no cambia la conducta de raíz. Puede cambiar la conducta respecto a la persona que dispensa el castigo (se la evita o uno "no se deja pillar"), pero no la actitud de la persona castigada. En general:

- provoca la imitación (un niño pegado, pegará con mayor frecuencia)
- distancia al castigador del castigado
- crea sentimientos de depresión y baja autoestima en la persona que es castigada sistemáticamente.

Por desgracia, hay un tipo de castigo que aplicado regularmente sí tiene efecto a largo plazo: el *castigo social* (vergüenza, deshonra, burla).

Igual que ocurre con el refuerzo, el castigo es subjetivo: unas personas se sienten castigados por algo que a otras no les significa nada.

Existen otros tipos de consecuentes, aunque el refuerzo y el castigo sean los principales. Para nuestro tema de la asertividad interesa conocer el llamado *refuerzo negativo*. Esto significa que la consecuencia que la persona recibe tras su conducta no es positiva ni negativa, sino el cese de una situación desagradable. Este concepto, algo difícil de entender, es sin embargo la explicación a muchas conductas de huida o evitación de situaciones. Una actitud callada, apocada, puede ser una búsqueda de este tipo de refuerzo. La persona piensa: si no llamo la atención, si no digo nada, me dejarán en paz, cesará una situación desagradable para mí en la que me siento muy mal porque no sé cómo comportarme. De forma mucho más clara, el niño que no se atreve a enfrentarse a otro y sale huyendo se está rigiendo por la búsqueda de un refuerzo negativo. Este mecanismo habrá que tenerlo muy en cuenta a la hora de ayudar a un niño que tenga algún problema de asertividad. A veces se resistirá a cambiar o aprender otra conducta, porque el beneficio que obtiene con su huida es mucho mayor que un posible refuerzo positivo que le estamos proponiendo (sentirse bien por haber conseguido enfrentarse adecuadamente a otro), pero que no conoce.

¿Cómo se pueden formar, a partir de lo dicho, conductas agresivas, sumisas, problemáticas en general?

Refuerzo de conductas inadecuadas:

A la persona se le dispensa *atención* por una conducta incorrecta, que le hace sentirse importante: regañar y no reforzar otra conducta correcta a cambio; reír las gracias ("niños payaso"), atender a quejas, atender solo a conductas agresivas, alabar una conducta callada cuando en realidad puede ser una falta de asertividad, etc.

Si solo prestamos atención a las conductas inadecuadas y nos callamos ante las adecuadas, dándolas por hecho, estas se extinguirán y continuarán las inadecuadas.

Actitud impaciente:

Hacer algo que debería hacer la otra persona, para acelerar el ritmo: en el caso de la asertividad, se trataría de la madre que va a hablar con los "malos" compañeros de su hijo para disuadirles de que le maltraten. El niño jamás aprenderá a defenderse por sí solo y tendrá la impresión de que tiene que depender de alguien que le ayude.

Consecuencias contradictorias:

Si bien nunca se puede dar una regularidad completa, se puede confundir al niño si, por ejemplo, actuamos con él según estemos de humor, o los padres y maestros que no se ponen de acuerdo y cada uno actúa de forma distinta ante las mismas situaciones, o si pretendemos que el niño haga una cosa y luego no la hacemos nosotros mismos.

Estas actitudes crean en el niño sentimientos de inseguridad y pueden llevarle a realizar conductas extrañas, sin orden ni regularidad o a guiarse exclusivamente según su propio criterio, lo que en un niño no siempre es lo más adecuado.

Los modelos a imitar

Los niños imitan constantemente a los adultos. Lo que no suele estar tan claro es que esta conducta imitativa puede ser causante tanto de conductas correctas y socialmente deseables como de lo contrario.

Solemos fijarnos más en aquello que vemos u oímos que en aquello que nos dicen o leemos. Si vemos a una persona recibir una recompensa por una acción que a nosotros nos parece importante, tenderemos a querer imitarla.

Es importante saber que un niño no imita indiscriminadamente a cualquier adulto o compañero, sino que se tiene que dar una serie de requisitos que hagan que, para ese niño, la persona sea "digna de ser imitada". Estos son:

- que la persona "a imitar" esté recibiendo por su conducta un refuerzo que sea deseable para el niño
- que, por lo que sea, la persona "a imitar" le llame la atención al niño
- que sea un modelo válido para el niño (el "empollón" de la clase o la "cursi" de turno no suelen serlo).

Resumiendo todo lo dicho: *los padres y los profesores son importantísimos para el niño como reforzadores y modelos a imitar.* Ellos son los que van a hacer que el niño se vea a sí mismo como competente o incompetente, indigno de cariño o estimable, etc.

Educar para la asertividad

Actitudes generales a tener con nuestros niños

Hay algunas actitudes generales a tener en cuenta a la hora de educar a un niño para la asertividad. Por supuesto, son normas que no solamente tienen cabida para el tema de la asertividad, sino que cumplen otras numerosas funciones educativas, sobre todo la de desarrollar la autoestima. Incluso pueden sonar a perogrullo, pero hemos preferido exponerlas antes que pasarlas por alto.

Regla nº 1: ¡Cuidado con las proyecciones!

Muchas veces tendemos a proyectar nuestros propios temores y experiencias negativas en nuestros hijos. El padre del que se han burlado de pequeño, tenderá a querer proteger a su hijo de esta experiencia, insistiéndole en la desconfianza hacia los demás e intentando que se anticipe a los ataques de los otros, atacando él antes. No siempre expresará todo esto con palabras, pero basta que el niño vea en su padre esta actitud o que se fije en pequeños comentarios del padre para que llegue a la conclusión: "parece que el mundo es peligroso. Tendré que ir con mucho cuidado".

La madre que está continuamente pendiente de lo que piensen los demás de ella, que tras haber estado su hija en casa de unos amigos le acribilla a preguntas sobre su comportamiento, sobre si se portó bien para que los otros se hayan llevado una buena opinión de la niña, está proyectando su temor en esta y pronto logrará que la hija esté igualmente pendiente de lo que los demás opinen de ella.

Es difícil, pero hay que intentar de todas las formas posibles que el hijo o alumno no se vea "predestinado" a cumplir las expectativas que sus padres tienen respecto a él, a curar sus frustraciones o a cumplir sus esperanzas.

Por supuesto que todo educador que lea esto pensará: "pero yo solo quiero lo mejor para el niño" y la actitud que proponemos, que es la de *aceptar al niño con sus ideas y actitudes y dejarle tener las experiencias a él*, es difícil de adoptar. Nuestra propuesta es analizar las propias ideas y temores y reflexionar si hay alguna que pueda ser irracional, fruto de alguna experiencia dolorosa que el niño no tiene por qué pasar. Esa idea es la que no tenemos derecho "colar" al niño sin que él nos lo haya pedido ni sus experiencias nos lo aconsejen. Sí podemos, por supuesto, darle consejos o contarle nuestras experiencias, pero nunca de forma categórica ni estableciendo reglas ("todo el mundo es así", "nadie te va a ayudar", "no te fíes de nadie", etc.).

Regla nº 2: No confundir un error puntual con una característica de la personalidad.

Un método muy poderoso para evitar que se desarrolle la autoestima es tachar al niño de malo, vago o desobediente cuando ha hecho algo mal. En este caso se está confundiendo una conducta puntual con toda la personalidad del niño. Aunque el adulto tenga claro que un niño no es malo, estrictamente hablando, por el hecho de haber pegado a un compañero, el propio niño no lo tiene tan claro. Si oye una y otra vez "eres malo" ante cada acto agresivo que cometa, llegará a la conclusión de que él es, efectivamente, una mala persona y, sobre todo, que no tiene remedio. Una persona que desde siempre piense que "es mala" no podrá desarrollar una sana autoestima, porque está convencida de que eso es inamovible y de que no hay nada que hacer con él. Todos sus actos estarán marcados por el hecho de "ser malo". Sabiendo que todos los niños quieren, en el fondo, ser "buenos" ¿qué hará el niño al que se le ha hecho sentir que es intrínsecamente malo? Tiene varias opciones, pero ninguna encaminada a desarrollar una autoestima sana ni, por supuesto, una conducta asertiva correcta.

Lo mismo ocurre con un niño que una y otra vez escucha que es cobarde o tonto. Es muy diferente decirle "hoy no te has defendido bien cuando aquel niño se burló de ti" que "eres un tonto. Todo el mundo te toma el pelo". Seguramente, además, este niño comenzará pronto a actuar según le están diciendo que es, y de forma cada vez más sistemática. Lejos de enseñarle conductas concretas que podría modificar, se le seguirá tachando de tonto, entrando así en un círculo vicioso del que es difícil salir y que al niño no le aporta ningún beneficio.

Regla nº 3: Asegurarse de que las expectativas que se tienen respecto al niño son razonables y adecuadas a su edad.

Un niño no es igual de asertivo a los 5 que a los 9 años, lo mismo que tampoco es igual de sociable o de creativo. A cada edad le corresponden unas pautas de conducta que, antes o después, estarían desfasadas.

El problema de muchos niños es que se les exigen cosas para las que todavía no están preparados. Así, a veces se les piden ciertas responsabilidades cuando el niño todavía no es lo suficientemente maduro como para captar la situación en su totalidad. Pedirle a un niño de 10 años que estudie porque es bueno para su futuro seguramente no servirá más que para que odie la asignatura. Todavía no se da cuenta de la importancia del estudio y habrá que encontrar otros elementos que le motiven a estudiar.

Lo mismo ocurre con la asertividad: muchas veces se espera que un niño pequeño reaccione de forma mucho más "valiente" ante ataques y regañinas de lo que todavía es capaz. Estas expectativas se traducen luego en grandes regañinas si el niño no se ha comportado tienen "como debería". Un ejemplo son los niños "llorones", (hablamos de un margen de edad entre los 5 y los 8 años) que ante un ataque o una situación que les haga sentir inseguros rompen a llorar o se refugian en el adulto que más confianza les dé. Si a este niño se le tacha de cobarde, se le recuerda que debe de sentir vergüenza ante los demás o se le regaña porque debería de haberse enfrentado a la situación, no se hace más que agravar el problema: el niño tendrá cada vez más ansiedad porque nadie le está explicando realmente cuál es la conducta adecuada y, además, no se le deja tiempo para que pueda experimentar otras conductas. Hemos visto en consulta muchos niños completamente aterrorizados ante lo que puedan decirles sus padres después de haber "vuelto a llorar en el cole".

Otro ejemplo sería la tendencia, por suerte cada vez menos extendida, de no permitir que un niño (varón) llore o se muestre débil, ya que "los hombres no lloran".

Para este tema no se pueden establecer reglas generales: no hay una edad en la que el niño ya no "debería" ser cobarde o débil. Cada niño madura a su ritmo y en su momento y tenemos que permitir que nuestro hijo o alumno se tome el tiempo que necesita para aprender a ser asertivo. Por supuesto que podemos ayudarle, y de eso trata este capítulo, pero de ninguna forma coartarle en su desarrollo a base de meterle miedo o someterle a presión.

El niño no es asertivo, ¿qué hacer?

En todas las escuelas hay niños más atrevidos y seguros y otros más apocados y "cobardes". En casi todas las clases existe "el tonto de la clase" que puede ser el típico payasín que busca gustar a los demás con sus tonterías, o el niño del que todos se ríen o un ser anónimo que está sentado en la última fila y que, aparentemente, no se entera de nada. Dejando a un lado los problemas de aprendizaje que puedan tener, la mayoría de estos niños estará experimentando problemas de asertividad.

¿Qué puede hacer un profesor si observa conductas de este estilo en alguno de sus alumnos? ¿Y qué puede hacer un padre si ve que su hijo se está convirtiendo en ese "tonto de la clase"? Las actitudes que ambos deben tomar son diferentes, pues las responsabilidades, el tiempo de dedicación y muchos otros factores también lo son. Sin embargo, vamos a atrevernos a dar unas pautas generales para que cada uno las adapte a su realidad y las pueda aplicar como mejor se ajuste a su contexto con el niño.

Antes de aplicar cualquier estrategia debemos plantearnos una pregunta: ¿Sabemos exactamente qué le pasa a nuestro hijo o alumno? ¿Podríamos describir con precisión qué es lo que le está afectando y en qué medida?

Al igual que ocurre cuando intentamos "tratarnos" a nosotros mismos, antes de decidir qué hacer para solucionar un problema hay que observarlo durante un tiempo con la mayor objetividad posible. Esto significa hacer todo lo que describíamos en el capítulo 4, pero también añadir un detalle muy importante: escuchar al niño.

Y escuchar no significa "oír" lo que cuenta a la hora de la comida o en una excursión, sino dedicarle tiempo, dejarle claro que nos interesa lo que nos cuenta, pero que no nos angustia, ser activos al escucharle (hacerle preguntas, pedirle aclaraciones), ser empáticos, es decir, ponernos en su lugar y ver el problema desde su punto de vista.

Muchas veces el niño no acude espontáneamente a contar cosas, quizás porque el tema que le preocupa es demasiado duro para él, quizás porque, simplemente, no está acostumbrado a explicar sus problemas. En cualquier caso habría que invitarle (¡no obligarle!) a que nos cuente. Eso significa que hay que estar preparado y descansado para que no vea signos de fatiga o aburrimiento en nosotros y se frustre en sus intentos de explicarse. También, por supuesto, nos tiene que ver con los cinco sentidos puestos en él, sin distraernos (no estar viendo la tele de reojo o vigilando a otros niños a la vez que le estamos escuchando).

Si sabemos escuchar lo que nuestro niño nos quiere decir, evitaremos sacar conclusiones arbitrarias que, como he podido observar repetidamente en mi consulta, no hacen más que enturbiar el asunto y angustiar o aislar al niño.

En todo momento, especialmente si vemos que el niño comienza a tener dificultades de relación, conviene hacerle consciente de sus derechos. Este es un concepto que, como decíamos en otro capítulo, no se suele enseñar a los niños y tenemos que aprenderlo siendo ya mayores.

Unos padres conscientes de este tema podrían introducir en sus conversaciones diarias, sobre todo si el niño está presente y atento, alusiones a los propios derechos. Ya sea comentando noticias o anécdotas que cuenten unos y otros o aplicando este tema a las propias discusiones y conversaciones, la cuestión es que se digan muchas frases del estilo: "Lo que le han dicho a tu amigo es injusto, porque él tenía derecho a decir lo que pensaba"; "Este señor de la tele está pisando el derecho del otro a expresar lo que quiere"; "Por favor, deja que diga mi opinión antes de decir que son tonterías. Tengo derecho a ello"; "Tu hermana tiene derecho a hablar, es su turno. Luego hablarás tú", etc.

De esta forma, el niño irá incorporando a sus conocimientos el de la existencia de unos derechos que él tiene que respetar, pero que también se le han de respetar a él.

La asertividad se puede enseñar de forma directa o indirecta. Cuando hablamos de forma directa nos referimos a técnicas concretas a aplicar con un niño que muestra dificultades de asertividad, hablándolo con él e incluso ensayando situaciones que le causan problema. Y la forma indirecta es todo lo que podemos modificar en el niño sin que este se dé realmente cuenta, como reforzar las conductas correctas o hacer de modelo con él. Veamos ambas con más detalle:

Formas indirectas de enseñar asertividad

Cuando veamos que el niño comienza a presentar conductas que más adelante pueden causarle problemas, aplicaremos un programa de "modificación de conducta". Esto consiste básicamente en estar muy atentos a sus manifestaciones y comportamientos y en reforzar, por medio de halagos, atención especial o juegos conjuntos, aquellas conductas que se aproximen a las correctas. De la misma forma, deberíamos ignorar sistemáticamente toda expresión de sumisión o agresividad irrespetuosa. Sobre todo para este último caso, esta técnica es muy efectiva.

Si lo hacemos bien, el niño no tiene por qué darse cuenta de que le estamos "enseñando" a comportarse de una forma concreta. Nuestra labor consiste en hacer al niño consciente de las muestras de capacidad asertiva que pueda dar en un momento. Por ejemplo: ante un niño que tiende a ser muy agresivo con los demás, la actitud sería la de ignorar "descaradamente" cualquier manifestación de agresividad. Tan pronto como exprese algún deseo de pegar o gritar, deberíamos retirarle la atención y dedicarnos a otros niños o menesteres. Si se ha portado muy mal podemos castigarle, por supuesto, pero no de forma que él vea que nos exaspera, sino lo más fríamente posible. A cambio debemos estar muy atentos ante manifestaciones de no agresión. Esto es más difícil de lo que parece, ya que las conductas "buenas" las damos por supuestas, mientras que las "malas" nos llaman la atención enseguida. Pero, al igual que debemos enseñar al niño que si quiere nuestra atención debe comportarse correctamente, también nosotros tenemos que realizar un cambio de mentalidad. Estaremos atentos a cuando haga o diga algo pacífico y amable a otros, para reforzarle de inmediato con atención, halagos ("Muy bien, te has defendido sin tener que pelearte con Juan"; "Eso de defender a un niño pequeño está muy bien. No todo el mundo se atreve", etc.) o hasta algún pequeño premio, aunque él pueda no saber a qué viene ese regalo repentino ("Como hoy has sido muy bueno, nos vamos a comer a una hamburguesería").

Una buena idea es reforzar sus capacidades. Ante una conducta adecuada (por ejemplo haberse enfrentado correctamente a un compañero que se burlaba de él, en el caso de una sumisión; o no haber atacado a otro niño, ante una agresividad), es muy efectivo dirigir el halago hacia la totalidad de la persona: "Esto demuestra que eres capaz de cortar a Enrique si se pone bruto contigo" o "Muy bien, está claro que tienes capacidad para darte cuenta de que no puedes pegar a niños más pequeños que tú", etc.

También tenemos que darle la oportunidad de mostrar su capacidad, por muy insignificante que esta nos parezca: hacerle partícipe en discusiones y enseñarle mediante refuerzos a conversar correctamente sin interrumpir ni dejarse interrumpir; cuando veamos que tiende a evitar pequeñas situaciones que sabemos que puede afrontar, ayudarle a hacerlo, etc.

Por otra parte, los halagos hay que dispensarlos con cuidado, porque el elogio excesivo incomoda a los niños. La cuestión no es pasarnos el día entero alabando al niño por cualquier cosa que haga, sino dirigir nuestra atención a lo que queremos modificar y esperar cualquier mínima manifestación de la conducta correcta para reforzarla. Cuando veamos que una conducta ya está instaurada, podemos pasar a reforzar conductas más difíciles o elaboradas.

Por último, un detalle que muchas veces se nos escapa es el de nuestro lenguaje. A oídos de un niño es muy diferente escuchar: "No deberías haber hecho esto" a "La próxima vez hazlo mejor". Debemos reflexionar si nos estamos dirigiendo a nuestros niños de forma positiva y constructiva o negativa y destructiva. Un lenguaje positivo implica expresarse de forma afirmativa y fijarse en lo positivo de una situación o, cuando menos, en cómo puede solucionarse en una próxima ocasión. Un lenguaje negativo hará énfasis en lo erróneo de la situación y caerá en argumentos reiterativos del estilo: "otra vez...", "siempre haces...", etcétera.

Formas directas de enseñar asertividad

Muchos problemas, tanto en adultos como en niños, se mantienen no porque la persona no sea consciente de ellos, sino porque no sabe cómo afrontarlos. Sabe *qué* debería hacer, pero no *cómo* hacerlo. Conocer cuál debería ser la conducta correcta no significa que sepamos las maneras exactas de aplicarla y esta es la razón de que muchas personas se reprochen y se desesperen consigo mismas por no solucionar sus problemas. Están confundiendo el "qué" con el "cómo".

En general, pero particularmente si el niño muestra grandes dificultades o está muy angustiado con su problema, no bastará con decirle: "Pues si Pedro se ha reído de ti, le pegas un corte y ya está", porque esto es seguramente lo que más fervientemente está deseando poder hacer el niño. El problema es que no sabe cómo hacerlo. Frases del estilo: "Tú no te dejes achantar. Si te pegan, devuélvesela" o, al revés, "Deja ya de pegar a tu hermano. Tienes que aprender a conversar con él", solo pueden angustiar al niño al ver que se le está reclamando repetidamente una conducta que, dado que no se le explica, parece obvio que "debería" saber.

Cuando un niño nos haya relatado su preocupación respecto a alguna situación o hayamos observado que presenta problemas en su relación con los demás, podemos iniciar una especie de "trabajo en equipo" con él. Aparte de las formas de corrección indirectas que describíamos antes y que no hay que dejar nunca, podemos hacer consciente al niño de que tiene unas dificultades y de que existen unos métodos para combatirlas. Para ello debemos ser nosotros los primeros en creer que, efectivamente, hay solución y que, además, está en manos del niño, con nuestra ayuda. Si nosotros dudamos o estamos angustiados, el niño lo captará enseguida, también si tenemos mucha prisa en que mejore y nos desesperamos si a nuestro entender va demasiado lento. Si se da alguno de estos casos, es mejor que el niño acuda a un profesional de la Psicología, que evaluará y tratará el problema de forma mucho más objetiva y racional.

Imaginemos a Daniel, un niño tímido y callado de 8 años, tendente al llanto cuando algo no le sale bien. Aunque tiene la misma edad que el resto de los niños de su clase parece más pequeño, ya que siempre está pendiente de lo que propongan los demás sin aportar nunca nada. Habla en susurros y con la mirada baja y cuando no sabe hacer algo se retira o se echa a llorar y, por supuesto, no sabe defenderse ante los ataques físicos y psicológicos a los que le somete Iván, una especie de "matón" que hay en la clase de al lado.

El padre de Daniel, ante este problema, debería primero escucharle, valorar el asunto como algo a tomar en serio (repetimos: sin angustia) y encaminarle hacia el afrontamiento. Debe repasar con Daniel sus derechos, traduciéndolos a un lenguaje que entienda el niño y le sea cercano, por medio de ejemplos propios de su edad.

También debería clarificar metas, definiendo muy concretamente qué es lo que quiere cambiar. Como ya describíamos en el capítulo 4, no vale con decir "Quiero ser como Juan", sino "Quiero que no me quiten mis cosas; quiero que no se rían de mí; quiero que me dejen jugar al fútbol con ellos", etcétera.

En un momento en el que ambos tuvieran ganas, podrían ensayar conductas asertivas para hacer frente a Iván. El padre asumiría el papel de Iván (previa descripción de su comportamiento y respuestas por parte de Daniel) y Daniel el suyo habitual. Ambos analizarían qué es lo incorrecto de la conducta de Daniel o qué es lo que provoca la burla de Iván. Luego, el padre podría sugerirle varias alternativas de conducta, previa consulta de las técnicas explicadas en capítulos precedentes (5 y 6). Estas estrategias están descritas para ser aplicadas por una persona adulta, pero son muy fácilmente adaptables al lenguaje infantil. Daniel podría, por ejemplo, tener preparados automensajes alentadores, que le faciliten el afrontamiento. Por ejemplo: "Cuando vea que se acerca Iván, no saldré corriendo. Seguiré con lo que estaba haciendo"; "Si me llama:

'Daniel, cara de tortel', le diré que me deje en paz, pero sin llo-rar"; "Si tengo ganas de llorar, respiraré hondo y pensaré en la película de esta tarde".

Debería tener preparadas unas estrategias de conducta particulares para cuando Iván se burle de él (por ejemplo, no huir, ni llorar, ni mostrar miedo, pero tampoco intentar enfrentarse a él. Pedirle firmemente que le deje en paz y no seguir interaccionando con él) y otras generales para su comportamiento habitual en clase (de nuevo: no llorar, utilizando la respiración; no refugiarse en la profesora, intentar resolver los problemas por sí solo, etcétera).

Todo ello debe ensayarse varias veces por medio del *role-playing* o haciendo que Daniel se imagine situaciones peligrosas e intente afrontarlas en la imaginación.

Es importante ofrecer al niño diferentes alternativas de conducta. Por un lado fomenta su capacidad de decisión, ya que será él quien elija qué estrategia le gusta más. Y por otro lado, si la técnica elegida falla siempre podrá contar con esas otras alternativas.

Es bueno ilustrar el problema contándole una historia sobre otra persona que vivió situaciones similares, también pasándo-lo mal. Si se quiere, se puede utilizar un ejemplo propio, ya sea real o inventado, ya que esto le animará mucho más a cambiar ("A mí me pasaba algo parecido con un chico mayor que siempre me perseguía. No sabía cómo quitármelo de encima y me lo pasaba fatal. Hasta que un día decidí...").

Por muy efectiva que sea la estrategia elegida, el problema del niño nunca se solucionará de golpe. Conviene tener presente que siempre hay que ir *paso a paso*. Ni los padres ni el niño deben pretender que, de golpe, el niño se vuelva asertivo.

Esto es conveniente tenerlo muy presente para prevenir situaciones de fracaso. ¡Cuidado con crear falsas expectativas! El niño tiene que tener muy claro que no va a haber un cambio radical a la primera intentona. Por nuestra parte, debemos tener claro que lo "reforzable", por lo que vamos a alabar y premiar al niño, va a ser el desafío, el intento de superación, no el éxito, ya que éste puede tardar mucho en aparecer.

Hay que ayudarle a sentirse bien consigo mismo aun en situaciones de derrota, pues si no el niño no querrá repetir la experiencia de afrontamiento ni intentar ninguna otra estrategia. Ante una derrota se puede, por ejemplo, analizar qué puede haber de positivo en la actuación, qué se ha podido aprender para otra vez o, simplemente, resaltar otras buenas cualidades que el niño puede haber mostrado en clase. En ningún caso debemos mostrar al niño desconfianza o dudas respecto a su capacidad de superación. Tenemos que adoptar un papel de entrenador deportivo que siempre está atento a continuar.

En el caso de que el niño muestre su conducta no asertiva delante de nosotros (por ejemplo: el padre de Daniel le va a recoger al colegio y observa que se están metiendo con él y que él se echa a llorar y sale corriendo; o nos damos cuenta de que nuestro hijo está pegando a un niño más pequeño), se le puede hacer caer en la cuenta del error que está cometiendo e intentar corregirlo sobre la marcha. La manera de hacerlo debería seguir aproximadamente esta fórmula:

- Descripción de la conducta: "He visto cómo se burlaban de ti y tú llorabas y te ibas corriendo" o "Has pegado a Carlitos hasta hacerle llorar".

- Una razón para el cambio: "Así se están creyendo que son más que tú y continuarán riéndose de ti" o "Carlitos es más débil que tú y no se puede defender".

- Reconocimiento de los sentimientos del niño: "Debes de sentirte fatal cuando te ocurre esto " o "Ya sé que quieres que los demás vean que eres muy fuerte".

- Una formulación clara de lo que se espera del niño: "¿Recuerdas lo que ensayábamos en casa? ¿Por qué no pasas delante de Iván y, si se mete contigo, continúas como si tal cosa?" o "Demuéstrales que eres el más fuerte jugando al fútbol, seguro que te admirarán más".

No se debe rechazar, generalizar ("siempre estás igual") ni insultar. Hay que evitar asimismo los silencios y las manifestaciones despreciativas, las amenazas vagas o las violentas. Todo ello solo estanca al niño en su problema.

Estas pautas están dirigidas especialmente a los padres, pues comprendemos que un profesor difícilmente puede ocuparse individualmente de un alumno hasta el punto de lograr un cambio de conducta en él. Ni es ni debe ser su trabajo. Pero sí puede, sobre todo si observa algún problema de esta índole en algún alumno, fomentar en él conductas asertivas, por ejemplo: alentando debates y discusiones en clase y haciéndole ser partícipe, reforzando cualquier manifestación asertiva que exhiba. Otra estrategia que puede adoptar es colocarle junto a alumnos que de alguna manera le refuercen, por ser especialmente amables o pacíficos y no meterse con él. A la hora de formar grupos de trabajo debería colocarse al niño con problemas de asertividad con aquellos alumnos que le permitan expresarse y no se burlen de él. Hasta podría hablar con alguno de ellos y pedirle una pequeña colaboración. Estas actitudes no fomentan la huida de las situaciones peligrosas, como podría pensarse, porque simultáneamente el profesor debería hablar seriamente con los padres del niño no asertivo y exponerles las observaciones que ha hecho.

En cualquier caso conviene recordar, a modo de conclusión, dos cosas importantes: todo, absolutamente todo lo referido a la asertividad es mejorable, ya sea a base de aplicar métodos indirectos de corrección, métodos directos o acudiendo a un psicólogo. Lo segundo a recordar es que hay que ser paciente con los progresos de un niño, que puede necesitar un tiempo para conocer un nuevo entorno, por ejemplo, o para saber exactamente cómo debe comportarse y atreverse a hacerlo.

BIBLIOGRAFÍA RECOMENDADA

Asertividad y habilidades sociales

BERCKHAN, B. (2009): *Judo con las palabras*; y (2007) *Cómo defenderse de los ataques verbales*. Ed. RBA Bolsillo. Esta autora tiene numerosos libros, todos de temática parecida. Sin profundizar excesivamente, ofrece pautas de pensamiento y estrategias eficaces para hacer frente a todo tipo de agresiones verbales.

BISHOP, S. (2000): *Desarrolle su Asertividad*. Ed. The Sunday Times. Es un libro muy fino (149 págs.) que puede servir como introducción para quien quiera familiarizarse con el tema. Toca todas las teclas: desde pensamiento positivo hasta conductas concretas para situaciones específicas, pero dedica apenas 2 páginas a cada tema.

CABALLO, V. (1988): *Teoría, evaluación y entrenamiento de las habilidades sociales*. Ed. Promolibro. Un clásico. El libro del que hemos bebido todos los autores de la materia en España. Escrito para profesionales, analiza al detalle y da pautas prácticas para entrenar las habilidades sociales.

CASTANYER, O. y ORTEGA, E. (2013): *La Asertividad en la empresa*. Ed. Random House-Mondadori. Basado en el libro *Asertividad-expresión de una sana autoestima*, en este libro se adaptan las estrategias asertivas al mundo empresarial, analizando en profundidad las dificultades con las que se puede encontrar una persona en sus relaciones laborales con jefes, subordinados y compañeros de trabajo.

CASTANYER, O. y ORTEGA, E. (2001): *¿Por qué no logro ser asertivo?* (9ª ed.). Ed. Desclée De Brouwer. No es la continuación del anterior, sino que plantea 4 posibles problemas que pueden estar dificultando el proceso hacia la asertividad: "Pensar de forma irracional. Criticarse y culparse. Tener excesiva ansiedad. Frustrarse demasiado pronto". Propone analizar y tratar en primer lugar estas dificultades, si se ha detectado que éstas están influyendo para frenar el aprendizaje asertivo.

DAVIS, M.; MC KAY, M. y otros (1985): *Técnicas de autocontrol emocional*. Ed. Martínez Roca. Este libro no trata específicamente de asertividad, si no de diversas técnicas para autocontrolarse: desde reestructurar los pensamientos pasando por controlar el estrés hasta temas de nutrición. El capítulo dedicado a Asertividad es bueno y completo.

D´ANSEMBOURG, T. (2003): *Deja de ser amable, sé auténtico. Cómo estar con los demás sin dejar de ser uno mismo*. Ed. Sal Terrae. Este autor es uno de los promotores de la Comunicación No Violenta, que promueve la autenticidad en las comunicaciones. Buen libro para aunar el autoconocimiento con la comunicación.

FABREGAS, J. J. y GARCÍA, E. (1988): *Técnicas de autocontrol*. Ed. Alhambra. Trata tres temas: Reestructuración cognitiva. Forma de Decisiones y Asertividad. Es un libro muy práctico y conciso, dedicado a jóvenes de entre 16 y 18 años, pero perfectamente adaptable al adulto.

FENSTERHEIM, H. y BAER, J. (1976): *No diga si cuando quiera decir no*. Ed. Grijalbo. Un clásico. Trata el tema de la conducta asertiva, sin profundizar en pensamientos ni sentimientos. Como tal, presenta una amplísima paleta de sugerencias y situaciones.

GARCÍA PÉREZ, E. M. y MARGAZ LAGO, A. (1992): *Ratones, dragones y seres humanos auténticos*. Ed. Grupo Albor - COHS. Se trata de un libro de autoayuda para niños de 8 a 12 años. Contiene muchos ejercicios y cuestionarios de reflexión.

GIRODO, M. (1980): *Cómo vencer la timidez*. Ed. Grijalbo. Enfoque americano para tratar el tema de las relaciones personales. Aborda diferentes habilidades sociales y pone muchos ejemplos prácticos.

GÖRNER, B. (2012): *Cómo ganarse a las personas. El arte de hacer contactos*. Ed. Desclée De Brouwer. Libro de habilidades sociales que, como indica su título, trata de la complicada fase de establecer primeros contactos. Escrito de forma amena y divertida.

PALMER, P. (1991): *El monstruo, el ratón y yo*. Ed. Promolibro-Cinteco. Parecido a *Ratones, dragones…*, pero para niños más pequeños. Sirve más al educador, que puede aprovechar los ejercicios que se proponen. Actualmente agotado.

PUCHOL, L. (1997): *Hablar en público*. Ed. Díaz de Santos. Muy práctico. Estrategias concretas para hablar en público. Técnicas para afrontar situaciones difíciles.

MITH, M.J. (1979): *Cuando digo no, me siento culpable*. Ed. Grijalbo. Muy parecido al de *No digas si*. Prácticamente no se diferencian en nada.

WEISINGER, H. (1988): *Técnicas para el control del comportamiento agresivo*. Ed. Martínez Roca. Buen libro para controlar la propia ira y agresividad. Repleto de ejercicios y cuestionarios. Analiza las posibles causas por las que podemos mostrarnos agresivos y propone estrategias para cada una de ellas.

Autoestima y otros

ÁLVAREZ, R. J. (1992): *Para salir del laberinto*. Ed. Sal Terrae. Este libro analiza muy exhaustivamente el tema de las distorsiones cognitivas y de los esquemas mentales y su relación con los sentimientos, y dedica todo un capítulo a la asertividad. Supone una buena introducción al mundo de la mente y las conductas.

AUGER, L. (1990): *Ayudarse a sí mismo. Una psicoterapia mediante la razón*. Ed. Sal Terrae. Libro básico para entrar de lleno en la teoría de las creencias, esquemas mentales, etc. Analiza uno a uno los llamados "Esquemas Irracionales" de Ellis, el padre de esta teoría.

AUGER, L. (1992): *Ayudarse a sí mismo aún más*. Ed. Sal Terrae. Continuación del anterior, es la aplicación de la teoría expuesta en el primer libro. Analiza diversos problemas (fobias, ansiedad, etc) y propone métodos cognitivo-conductuales para afrontarlos.

BECK, A.T. (1990): *Con el amor no basta*. Ed. Paidós. Beck es el padre de la teoría de las distorsiones. En este libro aplica dicha teoría al intrincado mundo de la pareja y las relaciones en general.

BECK, A. (2003): *Prisioneros del odio*. Ed. Paidós. Enfoque cognitivo para analizar y trabajar sentimientos de agresividad, ira, dolor emocional, etc. utilizando como referencia las distorsiones mentales. Muy denso y exhaustivo.

BONET, J.V. (1994): *Sé amigo de ti mismo*. Ed. Sal Terrae. Libro de fácil lectura, trata exclusivamente el tema de la autoestima. Presenta gran variedad de ejercicios, referencias, citas, etc.

BRANDEN, N. (1987): *Cómo mejorar su autoestima*. Ed. Paidós. Branden propone un método propio para explorar y aumentar la autoestima basado en la consecución de frases incompletas.

CARNEGIE, D. (Redición 2006): *Cómo suprimir las preocupaciones y disfrutar de la vida*. Ed. Edhasa. Dale Carnegie es un clásico de los años 40 que últimamente ha sido redescubierto. Sus libros no profundizan, pero dan consejos útiles y serios para aprender una filosofía de vida sana y optimista.

CASTANYER, O. (2007): *Yo no valgo menos. Sugerencias cognitivo-humanistas para afrontar la culpa y la vergüenza*. Ed. Desclée De Brouwer. Este libro está escrito en colaboración con una paciente que sufría de grandes sentimientos de culpa. Se analiza el mecanismo de la autocrítica y la culpa y se sugieren ejercicios para erradicar esta forma insana de funcionar

CASTANYER, O. (2009): *Enséñale a decir NO: desarrolla su autoestima y asertividad para evitarle situaciones indeseables*. Ed. Espasa Calpe. Es el único libro que existe en el que se considera la educación de la autoestima como base para que el niño sea asertivo. Tomando como marco la descripción de una pandilla de amigos de 10 años, se tratan los temas de la autoestima y la asertividad en los niños y se dan pautas a seguir para que el niño de hoy sea mañana un adulto asertivo y con alta autoestima .

COVEY, S.T. (2011): *Los 7 hábitos de la gente altamente efectiva*. Ed. Paidós. Un curso dividido en siete etapas que el lector deberá adaptar a su personalidad y a su vida cotidiana. El autor se sirve de anécdotas destinadas a hacernos reflexionar sobre cada uno de nuestros actos y sobre el modo de acceder al cambio.

DAHM, ULRIKE (2011): *Reconcíliate con tu infancia. Cómo curar antiguas heridas*. Ed. Desclée De Brouwer. Trata sobre el crítico interior y el niño interno y ofrece muchos y variados ejercicios para reconciliar ambos conceptos.

DRYDEN, W. (2007): *Superar las heridas*. Ed. Desclée De Brouwer. Este libro trata sobre un tema del que se ha escrito poco: cuando nos sentimos ofendidos o heridos por algo que hayan dicho u hecho los demás. Con ayuda de la teoría cognitiva, pero en un lenguaje muy asequible, el autor da pautas para devolvernos el poder de decidir sobre nuestros estados de ánimo.

DYER, W. y WAYNE, D. (1990): *Tus zonas erróneas*. Ed. Grijalbo. Otro clásico de la teoría de las creencias irracionales. Expone la teoría de Ellis de forma comprensible y amena.

ELLIS, A. (1980): *Razón y emoción en psicoterapia*. Ed. Desclée De Brouwer. Ellis es el padre de la la teoría de las creencias o esquemas mentales irracionales o "Terapia Racional – Emotiva". Este es uno de los muchos libros que ha escrito sobre este tema, todos muy claros y prácticos. En la misma editorial se pueden encontrar sus otros libros.

MAC KAY, M. y FANNING, P. (1991): *Autoestima. Evaluación y mejora.* Ed. Martínez Roca. Libro de autoayuda muy completo y complejo. Se basa en la teoría de que, a mayor número de autocríticas, más baja es la autoestima. A partir del análisis de las autocríticas, propone toda una serie de métodos para afrontar una gran variedad de problemas. Es uno de los mejores libros sobre esta materia, pero su aplicación exige una gran constancia y concentración.

MILLER, A. (2005): *El cuerpo nunca miente.* Ed. Tusquets. Ensayo. Los libros de Alice Miller se han convertido en un referente para trabajar la autoestima y el maltrato. Confrontan al lector con los mandatos socialmente impuestos de amar y obedecer incuestionablemente a los padres y abogan por liberarse de este yugo.

MORENO, P. (2002): *Superar la ansiedad y el miedo* y (2013) *Aprender de la ansiedad.* Ed. Desclée De Brouwer. Este autor tiene varios libros sobre ansiedad, miedos, pánico..Cualquiera de ellos es un manual imprescindible para tratar dificultades de esta índole. Con rigor científico se explican y dan pautas para superar estos problemas en un lenguaje claro y asequible. El primero de los libros citados sigue la teoría cognitivo conductual, el segundo, el mindfulness.

POPE, A.; McHALE, S. y CRAIGHEAD, W.E. (1996): *Mejora de la autoestima: Técnicas para niños y adolescentes.* Ed. Martínez Roca. Libro muy práctico dirigido a profesores, terapeutas y padres que quieran ayudar a niños (desde 8 años) y adolescentes a mejorar su autoestima. Proporciona ocho herramientas, explicadas en otros tantos capítulos.

ROVIRA, A. (2005): *La brújula interior.* Ed. Urano. Escrito en forma de cartas, ofrece pautas muy valiosas para conocerse y dejarse guiar por uno mismo.

SAMALIN, N. (1993): *Con el cariño no basta.* Ed. Médici. Libro imprescindible para educar. Contempla el equilibrio entre educar en autoestima y poner límites.

STALLARD, P. (2007): *Pensar bien, sentirse bien.* Ed. Desclée De Brouwer. Un instrumento práctico e innovador para aplicar la terapia cognitivo conductual a niños y adolescentes. Escrito para uso profesional.

Títulos recomendados

Colección: Serendipity

ISBN: 978-84-330-2709-2

Páginas: 128

Encuadernación: Rústica con solapas

Formato: 14 x 21 cm

Edición: 5ª

Olga Cantanyer

Aplicaciones de la asertividad

¿Cómo quejarse en un restaurante si nos traen la comida pasada?

¿Cómo hacer frente a una descalificación en público?

¿Qué hacer si nos invade la ira y tememos descontrolarnos?

¿Cómo decir No a una petición desmesurada que nos hace un ser querido?

La respuesta tiene una única palabra: Asertividad.

La Asertividad es la capacidad de respetarnos y hacernos respetar, sin faltarte tampoco al respeto a la otra persona. En este libro, eminentemente práctico, se muestran las estrategias asertivas más apropiadas para afrontar situaciones como las expuestas arriba.

Está basado y es continuación de La Asertividad: expresión de una sana autoestima, publicado en esta misma editorial y que ya va por la 36ª edición.

Colección: Serendipity

ISBN: 978-84-330-1582-2

Páginas: 232

Encuadernación: Rústica con solapas

Formato: 14 x 21 cm

Edición: 9ª

Olga Castanyer • Estela Ortega

¿Por qué no logro ser asertivo?

¿Por qué no logro ser asertivo? Ésta es quizás una de las preguntas que se escucha con mayor frecuencia en las consultas de los psicólogos.

La asertividad, como por otro lado demuestra la calurosa acogida del libro publicado en esta misma colección por Olga Castanyer La asertividad: expresión de una sana autoestima, se ha convertido en el gran caballo de batalla de numerosas personas y, por qué no decirlo, de muchos psicólogos.

Este libro, continuación del que hemos mencionado en líneas anteriores, pretende seguir dando respuesta, de una manera clara y eminentemente práctica, a aquellas cuestiones relacionadas con la asertividad: autoestima, afirmación personal, habilidades sociales y relaciones interpersonales, que tanta expectación generan en la sociedad actual.

Títulos recomendados

Colección: Serendipity
ISBN: 978-84-330-2954-6
Páginas: 96
Encuadernación: Rústica con solapas
Formato : 14 x 21 cm
Edición: 2ª

Olga Cantanyer

Quiero aprender a quererme con asertividad

La Asertividad y la Autoestima están muy ligadas entre sí, no podrían existir la una sin la otra: ¿cómo hacernos respetar si no nos respetamos antes a nosotros mismos? ¿Y cómo respetarnos si no reclamamos a la vez el respeto de los demás?

Si queremos emprender el camino hacia un bienestar auténtico, conseguir el fin último de todo ser humano, que es sentirse en paz y coherente consigo mismo, debemos tener en cuenta estas dos dimensiones: querer y respetar.

La Autoestima nos proporciona cariño, respeto y confianza en nosotros mismos. No buscamos sentirnos por encima ni por debajo de nadie: queremos sentir que somos nosotros, emocionalmente independientes y con la seguridad de que nos cuidamos y protegemos. La Asertividad nos proporciona herramientas para transmitir a nuestro entorno esta coherencia y seguridad. Y tiene en cuenta en todo momento a los demás, reclamando un respeto hacia nosotros, pero respetando y valorando a la vez a la otra persona.

Este libro te ofrece herramientas para conseguir respetarte y hacerte respetar, a la vez que respetas a los que te rodean.

Colección: Serendipity MAIOR
ISBN: 978-84-330-2784-9
Páginas: 352
Encuadernación: Rústica con solapas
Formato: 17 x 22 cm
Edición: 2ª

Olga Cañizares • Carmen García De Leaniz (Coord.)

Hazte experto en inteligencia emocional

Es probable que mucho de lo que leas ya lo sepas, que ya lo estés viviendo. Nuestro propósito es que a partir de ahora lo vivas de una forma consciente, dándote cuenta, eligiendo en cada momento lo que te permita alcanzar tus Metas.

El lenguaje es sencillo porque queremos llegar a todos: educadores, personal sanitario, responsables de departamentos de Recursos Humanos, profesionales del coaching, psicólogos, terapeutas ocupacionales y también a ti, que te dedicas sencillamente a vivir.

Ahora te toca a ti, querido lector, sacarle partido y aprovechar todo lo útil que en él encuentres para conocerte, gestionar tus emociones, motivarte y relacionarte de una forma diferente y efectiva con los demás, con tu entorno.

Si conseguimos que hagas en tu vida algún cambio que te ayude a sentirte mejor contigo mismo y con los demás, habremos alcanzado nuestro objetivo.

Escriben: Olga Cañizares, Carmen García de Leaniz, Olga Castanyer, Iván Ballesteros y Elena Mendoza

Títulos recomendados

Colección: Serendipity

ISBN: 978-84-330-3045-0

Páginas: 192

Encuadernación: Rústica con solapas

Formato : 14 x 21 cm

Edición: 2ª

Laura Vera

La preocupación inútil

¿Te has parado a pensar en todo el tiempo y toda la energía mental que has gastado a lo largo de tu vida cada vez que te has preocupado? ¿Te has parado a pensar si ha sido útil?

Todos nos preocupamos cuando atravesamos períodos de incertidumbre y cambios, cuando debemos afrontar decisiones, cuando se presentan problemas o situaciones de conflicto... pero lo que marca la diferencia entre un malestar temporal o un sufrimiento prolongado viene dado por la manera en la que nos preocupamos.

Existe una preocupación inútil que únicamente aporta ansiedad y miedo, una preocupación que no afronta ni resuelve las dificultades, que te hace sufrir más de la cuenta y además te arrebata el momento presente. Y existe, a su vez, otro tipo de preocupación enfocada a la resolución constructiva del problema, desde la confianza en la propia capacidad personal para hacer frente a cualquier situación.

En este libro, claro, cercano, riguroso y práctico, aprenderás que es posible enfocar las preocupaciones desde una perspectiva emocional más sana para simplificar los problemas, complicarnos menos la vida y disfrutar más del momento.

Colección: Serendipity
ISBN: 978-84-330-3067-2
Páginas: 216
Encuadernación: Rústica con solapas
Formato: 14 x 21 cm
Edición: 1ª

Leocadio Martín

La felicidad: qué ayuda y qué no

Psicología para entendernos

En este libro pongo a tu disposición mi caja de herramientas psicológicas para ayudarte a entenderte y a entender al mundo que nos rodea. Le daremos significado al sentido común, comprendiendo que las personas somos un continuo balance de emociones, motivaciones y sentimientos. Y que es precisamente ahí donde reside lo que hemos dado en llamar nuestra felicidad. Caminaremos juntos por nuestro derecho a estar tristes, como fundamento de una vida plena. Más allá de la dictadura de una felicidad impuesta, que se mete en nuestras casas, casi como las dietas de adelgazamiento.

Las personas somos caleidoscópicas y para saber ser felices, tenemos que conocer todos los colores que nos componen. Aprenderemos qué es lo que nos ayuda –y qué no– a construir nuestra propia felicidad. A reconocer barreras propias y ajenas que la impiden, por un lado, y a explorar en nuestro interior la infinita energía de que disponemos para construirla, por otro.

Os invito a apasionaros con vosotros mismos. A descubrir ese territorio inexplorado. Mi más sincero agradecimiento por compartir esta aventura conmigo. Empecemos.

Serendipi**Y**

Directora: Olga Castanyer
ÚLTIMOS TÍTULOS PUBLCADOS